宁夏博物馆

Ningxia Museum

带你走进博物馆 SERIES

宁夏博物馆　编著

文物出版社

赠　言

未成年人将要承担中华民族伟大复兴的重任。关心未成年人的健康成长，关心他们的思想道德的建设是我们每个人的责任，各类博物馆不仅是展示我国和世界优秀历史文化的场所，也是未成年人学习知识、培养情操的第二课堂。

让这套丛书带你走进博物馆，让博物馆伴随你成长。

国家文物局局长　單霽翔

2004年12月9日

馆长寄语

“路漫漫其修远兮，吾将上下而求索”，屈原的慨然长叹，堪为宁夏博物馆50年风雨历程的真实写照。我馆1959年成立，当时只是一个筹备处，各项工作举步维艰；1973年迁入承天寺塔院内，才有了自己的馆舍。但文物少，展陈面积小，设施陈旧，专业人员匮乏的问题，一直制约着发展的空间。然而，几代宁博人一直在艰难中奋进，在困苦中开拓。

作为一个省级综合性博物馆，作为一个城市文化窗口，作为一个精神文明的宣传单位，作为全国百家爱国主义教育基地之一的宁夏博物馆，在弘扬民族文化、对外宣传宁夏、构建和谐社会方面起着重要的作用。宁博人几十年如一日地辛勤耕耘、开拓进取，直至创建了如今这座现代化的宁夏博物馆。

2008年8月28日，宁夏博物馆新馆开馆并向观众全部免费开放。2009年8月28日，宁夏博物馆建馆50周年暨新馆开馆一周年庆典活动即将举行。值此盛况来临之际，驻足回眸，抚今追昔，无论是耳闻的，还是目睹的，抑或是亲历的，这其间宁夏博物馆的建设、发展与成就，就犹如翻在手中的新老照片，令人思绪如潮，感慨万千。

新馆的建成与使用，为宁博的发展搭建起了新的平台，宁博人将进一步抓业务以强馆，抓服务以兴馆，强化创新意识，加大“引进来，走出去”的步伐，为建设一个设施更完善、服务更优质、科研成果更丰硕的新兴现代化博物馆而努力奋斗。

愿宁夏博物馆的明天更美好！宁夏博物馆欢迎您！

宁夏博物馆馆长　李进增

目　录　Contents

宁夏博物馆

引　言

宁夏博物馆的前身是1959年9月成立的宁夏地志博物馆筹备处，1973年宁夏回族自治区博物馆正式成立，馆址位于自治区首府银川市承天寺院内，1988年整个院落整饬重修为仿古建筑。2004年，宁夏博物新馆建设被列为自治区成立50周年大庆的献礼工程。2005年11月27日，新馆建设工程举行了奠基仪式，馆址位于银川市金凤区人民广场东街6号。经过两年半的艰苦努力，宁夏博物馆新馆以其端庄的外形、先进的设施、完备的功能、新颖的展陈、优质的服务，于2008年9月迎接自治区50周年大庆时，正式向观众免费开放。它与宁夏图书馆、宁夏科技馆、银川会展中心、银川市文化艺术中心分建在银川市行政中心四周，形成了塞上江南一道亮丽的风景线，是大众休闲旅游观光的理想去处，日益成为自治区最具标志意义的文化设施。

富于浓郁地域民族特色的建筑

宁夏博物馆总建筑面积30258平方米，全高21.2米，共四层。其中，地下一层建筑面积8456平方米，分为文物库房、设备用房及办公区域。地上建筑面积21802平方米，一层为中厅、贵宾接待室、岩画展厅、临时展厅、多功能厅和观众服务区；二、三层为各类展厅、图书阅览室和书库、多媒体教室及观众服务区。主体建筑平面呈“回”字形布局，贴应了回族自治区的“回”字。屋顶借鉴中国“藻井”、“平棊”装饰艺术手法，运用现代材料、设备装饰，并充分利用光影效果，每层作出不同的花饰和造型，使屋顶富有层次感。宁夏博物馆外立面顶部采用带有伊斯兰建筑风格的“尖圆拱”雕饰，通过光影作用形成伊斯兰建筑的“回廊”效果，凸显建筑立面竖向肌理，增加建筑物挺拔感和层次感，与四面的伊斯兰建筑经典构筑“依旺（门头）”相呼应，赋予博物馆建筑鲜明的民族特色。同时又在极富现代感的立面上设计了以具有地域代表性的西夏时期的出土文物为原型的雕饰，使不同的建筑文化有机结合，表现了宁夏历史、地域、民族文化的丰富多彩、相互融合的特点。外立面四周32个装饰块采用西夏陵出土的建筑构件“迦陵频伽（即妙音鸟）”形象雕饰，并加设“衣褶”、“瓔珞”，进行美化处理，栩栩如生，具有极强的装饰作用。另外，立面底部四个拐角参照西夏王陵出土的力士支座造型做石材雕像，进行了适当的具象化处理，使之更为生动，形象粗犷大气，极具历史和民族地方特色。出入口立面借鉴了回族的传统民居木雕图案，与外墙局部装修所采用的玻璃幕墙形成了传统艺术与现代美感的强烈对比；上部透空隔架与下部石材结合，充分表现出整个建筑优雅、简洁、均衡、沉稳的个性。

独特的馆藏

从某种程度上说，了解一个地方的历史和现在是从博物馆开始的。而文物藏品是博物馆存在的基础，它是博物馆赖以生存和发展的主要因素和根本保证。藏品数量的多少、质量的优劣、地域特征的显著与否，是一个博物馆规模和地位的重要标志。因为有了文物，一座博物馆就犹如一部物化的发展史。沉稳庄重的建筑，带给我们视觉上的震撼；而当我们拾级而上，步入宁夏博物馆分布在三层近万平方米的展厅，悉数四千余件精美的文物，穿越时空，通过文物与历史对话，俯瞰历史的风风雨雨，那油然而生的震撼却发自于心灵的最深处。

宁夏历史悠久，文化积淀丰厚。宁夏博物馆有馆藏文物四万多件，藏品基本涵盖了宁夏历史的全部内容。其中三级以上珍贵文物四千余件，经鉴定确认的国家一级文物159件，胡旋舞石刻墓门、鎏金铜牛、力士志文支座被鉴定为国宝级文物。西夏文物、回族文物的收藏数量和质量为文博行业所瞩目；贺兰山岩画、红军长征、西征和陕甘宁边区时期的文物也很具有代表性。馆藏文物具有鲜明的地方特色和民族特色。

一、凝固远古文明
——宁夏岩画

岩画是一部远古先民磨制、凿刻或绘制在山岩上的历史图卷，它以形象的图案和符号记录了人类的生存活动，从早期的狩猎时代开始，时间跨越了三四万年之久。岩画是一个世界性的文化现象，它正以全球性的广度和历史性的深度成为世界性的热门课题。

宁夏岩画是不同历史时期的北方游牧民族所刻，题材内容丰富，艺术风格独特，广泛地分布在宁夏境内黄河两岸的贺兰山、卫宁北山、香山、灵武东山等几十个山谷、峡口与丘陵之中，气势雄宏，场面壮阔。内容涉及各类动物、天体、符号、人面像以及祭祀、射猎、交媾、放牧、巫术活动等等。在贺兰山的贺兰口，数百个人面像凿刻在山壁之上，形成了一条蔚为壮观的脸谱长廊；北山大麦地，岩画密集处每平方公里图像达180幅之多，生动地再现了远古人类执著悲壮的生命历程和真实的情感世界，是研究史前人类史、文化史、风俗史、宗教史无可替代的百科全书，成为世界岩画大观园中极具特色、不可或缺的重要组成部分。而宁夏博物馆现藏宁夏岩画的实物和拓片也愈显珍贵。

太阳神：哲学巨匠黑格尔在《历史哲学讲演录》里说过，人类的历史从东方开始，因为太阳是从东方升起来的。在东方远古时代普遍存在着对太阳的崇拜。然而，被远古先民崇拜的太阳神究竟是什么样子？遗留在贺兰山崇山峻岭间岩石崖壁上的“太阳神”岩画的发现，或许能为人们无限的遐思带来一个具象的答案。这幅岩画图案中的太阳神，头部放射形线条代表光束，人面，圆形，重环双眼，长有睫毛，炯炯有神，直面东方，看上去神采奕奕、威武之极。太阳神岩画反映了

太阳神

远古先民的自然崇拜、天体崇拜的原始思想，是贺兰山岩画中的精品，闻名于世，其刻制的细腻和太阳神像的造型在世界上也是独一无二的。

巨牛：高1.3、长2.2米，昂首怒吼，牛角似两把利刃，尾巴上卷，魁伟健壮，有除妖斗邪之势。牛背刻画的三条复线，增强了牛的立体感，两只眼睛同时表现在画面上的艺术手法，与现代立体派绘画不谋而合。在整幅画面中，牛的上方和牛的身体上

回回沟巨牛岩画

还刻有马、驴、羊等十几只动物，这一表现手法反映出几万年前的原始人类，已具有了空间、透视、前后、比例等概念。

围猎图：从这幅岩画中能够辨认出的人物、动物达五十多个，情节围绕猎虎展开。画中虎的头部刻画得极为夸张，其长度几乎占虎身的三分之一，獠牙外突，利爪张开，长尾拖地，全身为蹲踞状，七只猎狗将其团团围住，死死咬住虎的颈项、前后脚、尾、耳朵，虎的嘴和胸部的致命部分已连中三箭。虎的正前方三个猎手已拉弓搭箭，作瞄准状，三人的后

面，有一个貌似力大无比的猎人，一只手紧紧抓住一只奋力逃窜的羊角，另一只手高举过头，似将铁拳狠狠砸向羊头；右上方的两个猎者，一人双手持木棒，一人拉弓，正在围拦几只奔跑的羊，左下角一只羊的后腿被箭射中，其他的动物有的奔逃、有的张望、有的横冲直撞、有的垂死挣扎，刻画极为细腻生动。这幅岩画画面清晰、保存完整。令人每每观赏着画面，就仿佛置身于一场场面宏大、厮杀激烈的围猎活动中。

人面像：虽然世界范围内岩画分布很广，但是人面像岩画非常少见。在我国有岩画的17个省、市、地区中，被称为“岩画走廊”的宁夏贺兰山贺兰口的人面像单体岩画最为集中，达七百余幅，而且丰富多彩，在世界上极为罕见，堪称国内岩画界的独特景观。这些像人而非人的人面像岩画，究竟是什么符号，具有什么象征意义，是一个备受专家学者和各界人士关注，至今仍众说纷纭的问题。有专家说，它们是古代巫师制作的神灵形象，并通过祭奠神像以达到同化自然的目的，乞求天地神祇，驱除邪恶，保佑人们身体安康。尽管如此，同各类动物岩画相比，人面像岩画是更接近人类精神层面、更能反映当时人类精神世界的艺术品，其文化内涵自然就十分丰富。

人面像

人骑彩绘岩画：1992年，在贺兰山白芨沟等地，岩画研究者发现了成片彩绘岩画，内容以乘骑征战人物形象及北山羊、马等动物形象为主。经研究，这种彩绘岩

人骑彩绘岩画

梅花鹿、岩羊、北山羊

画同南方系统彩绘岩画所使用的颜料大致相同，绘制手法也一样。彩绘岩画的发现，为贺兰山岩画增添了新的内容和形式。而每当看到这些岩画，就仿佛置身于这深邃悠长的洞窟。在石缝中看到那似火苗般喷发着红色火焰的彩绘岩画，在惊叹于它稀有的同时，我们也会为古人那顽强的生命意志和对生命火一般的激情所折服。

鹿：贺兰山岩画中出现了大量鹿的图形，但它们很独特，嘴巴近似鸭嘴张开而前突，所以也有人称之为鸭嘴兽。从构图看，凿刻者非常随意自如地夸张了鹿的形态特点，巧妙地刻画出了丰实饱满的画面，给人以美的享受。这类造型的鹿图，不仅在贺兰山岩画中有发现，而且在周边的国家和地区也都有发现，风格极为相似。为什么会有如此多的鹿的图像出现呢？这或许与古代草原游牧民族的图腾崇拜和世界观有着密切的关系。

手印：是所有岩画中最古老的一种形式。最早出现于旧石器时代晚期，在世界许多国家以及我国的南北方岩画中都有发现，是一个世界性的岩画题材。在所

有的岩画题材中，手印岩画的解释是最多的。有人认为是表示数字；有人认为表示“我”，就像现在的签名；有人认为表示驱邪；还有人认为表示权利和占有的意思。鉴于此，手印岩画的解释就必须将手印结合其所处的岩画环境一并加以考察，与手印周围其他题材和内容的岩画联系起来进行综合研究，才能做出合乎远古人类原始思维的正确解释。这幅岩画中的手印，代表了权利和占有。整幅画面的左右两边凿刻着两只左手印，左边的手印小，右边的手印连着手臂的一小部分，大而修长，一看便知是一只女性的手印。在左手印下方，有一只向着右边手印低头的羊，羊的右下部是一头向着右边手印前腿跪倒的牛。在两只手印的正上方，是一个双眼环睁的桃型人面像。显然，右边的手印是母系社会一个女性部落首领的印记，代表占有，代表胜利。她征服了左边手印代表的部落，以至使左边部落的牛羊都低首跪拜，表示臣服。

手印

交媾图：作为一种物种延续的本能，人类对自身的生存和繁衍十分关注。当人类的智力发展到足以认识自身的生育能力，对人类繁衍生存的作用时，崇拜生殖和祈求多产的信仰和仪式便出现了。在原始先民中普遍存在的生殖崇拜，是原始信仰的一个重要内容。世界各地都有大量的远古人类生殖崇拜的历史记载和文化遗存，交媾岩画就是其中的一种。类似这样的图像都是早期人类生殖崇拜的最好见证。在远古先民们举行的生殖崇拜的祭祀仪式中，就有男女交媾的内容，他们以此祈求生殖繁盛，种族繁衍，强壮体魄，战胜顽敌，以求得种族的生存。

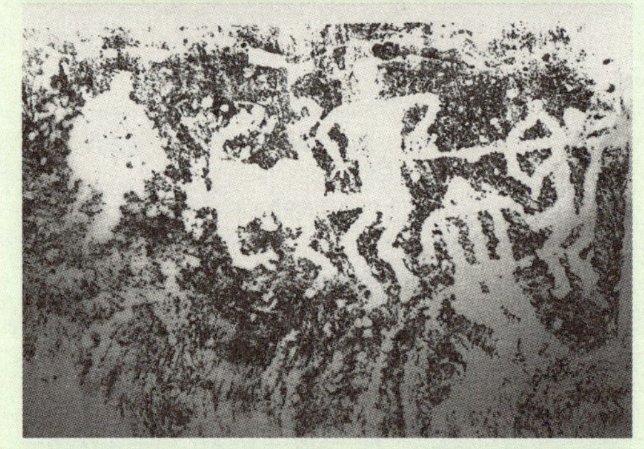

交媾

动物：一眼望去，这幅岩画满画面的动物都鲜活地跃入眼帘，极其生动。每种动物的造型，创作者都紧紧抓住它们的基本形态、生理特征和性格特点，并且在塑造这些动物的同时，也表现出了他们对被画对象的复杂心情。其中既有猎取和占有的心理，又有膜拜和祈求宽恕的诚服之心。当然，产生这些心理的根本，还是出于他们自身及其部落的生存与繁衍的需要。

动物

动物

械斗图：这幅岩画可能是某个部族在一次征战胜利后刻画而成的。整个画面气氛强烈，震撼人心。它既有写实的内容，记录了征战的胜利；又有实用、功利的目的，刻画出来，为下一次征战前进行巫术祈祷，再获胜利而用。

狩猎和争战：是原始游牧民族生存的重要手段，反映了北方少数民族延续、传承的过程。当人类与动物做着生死搏斗时，到处充满了血腥气味，由此常会产生一种恐惧心理，需要通过一种方式消除它，以鼓士气。因此，这幅岩画中的狩

重圈纹：人们以前将它称作同心圆或水纹，常与人面像共同出现在同一画面中，是巫教文化对宇宙天地所特有的“天地多层”构思的表现。这种思想和原始人类仰望苍穹日月，俯视河谷大地，人和其他动物生活在其间的体验是相一致的。这种表现天地多层的岩画，具有十分古老的天地信仰的特征。

狩猎

狩猎

猎场面，猎物或被刻画为惊慌失措地逃遁，或者在猎人弯弓面前处于就擒无奈的困境，狩猎者总是处于优势。岩画的创作者大概就是想要把这种优劣分明的局势用图形凝固起来，将狩猎者的愿望以绘画的形式得以表现并获得实际功利。

二、打磨文明之光
——石器时代文物

宁夏自古以来就是华夏诸民族生息、繁衍、聚集、交融之地，远在石器时代这里就出现了原始文明。1923年发现于宁夏灵武的水洞沟旧石器时代文化遗存，距今有近三万年的历史，是史前人类文化的瑰宝，为研究古人类活动提供了十分重要的实物资料。宁夏的新石器时代文化呈现出多元化的分布格局，在距今5000年左右，北部黄河沿岸形成了以细石器为特征的游牧文化；而南部地区以农牧兼容为主要经济形态，该地区所发现的新石器时代文化遗存主要有“仰韶文化”、“马家窑文化”、“菜园文化”和“齐家文化”。

牛头化石：该化石于20世纪60年代出土于世界著名的旧石器时代文化遗址之一——宁夏灵武水洞沟遗址附近，距

牛头化石

今三万年左右。它长129、宽55、高69厘米。从这个牛头化石的尺寸可以想象，这头牛的身躯是多么的庞大。在水洞沟遗址的旧石器时代的地层中，还出土了野驴、犀牛、鬣狗、羚羊、转角羊、牛、猪和鸵鸟等动物化石。这些动物喜欢温暖湿润的气候环境，其化石的发掘发现，足以证实远在数万年前，现在这片极度干涸、满是沙砾的荒滩，昔日竟是一片水草丰茂，适合人类和动物生存的土地。

尖状器：原始社会人类所使用的工具主要是石器。根据石器制造技术的发展，石器时代又可分为旧石器时代和新石

尖状器

器时代。旧石器时代，人类只能掌握以石头敲击石头的简单方法来制造劳动工具。这个尖状器是宁夏水洞沟遗址出土的，属于旧石器时代晚期。其器形端庄，修理得比较均匀平整，形状比较固定，左右对称的程度很明显。水洞沟遗址出土的这种类型的尖状器，和欧洲的“莫斯特”尖状器相近，在目前我国同时代的其他遗址中是很少见的，这是水洞沟文化中最有明显特征，从而也是最有代表性的器形之一。

彩陶罐：在我国，从距今七八千年的时候起，人类开始采用新的磨制方法制造生产工具和部分生活用品，发明了用黏土来烧制陶器的技术。人类历史揭开了新的一页，进入了新石器时代。这件宁夏固原河川出土的彩陶罐，就是新石器时代“马家窑文化”陶器，距今约有5000年的历史。口沿微侈，直颈，圆肩，腹下收，肩腹分界处两侧各有一个小圆耳，通高38厘米，造型端庄稳重。颈部绘两条平行的宽锯齿纹，肩部以锯齿纹和豆荚纹为母题，组成四组对称的漩涡和成串

彩陶罐

的豆荚纹。图案匀称而富有变化。“马家窑文化”陶器中，盆、豆、碗的外表，通常没有纹饰；而瓶、罐的口沿和外表，则往往绘有精致绚丽的花纹，故通常称为彩陶。

彩陶长颈瓶：新石器时代“马家窑文化”陶器。宁夏隆德县凤岭乡出土。通高20厘米。喇叭口，细长颈，颈部饰数条平行的条纹，肩部以变形的草叶纹和鸟纹组成均匀的四组图案，线条流畅活泼，富有节奏感，充满了艺术的想象力和概括力。腹下收，大而平底，无彩绘。这些彩陶的花纹，充满浓郁的生活气息，以日常生活中所常见的豆荚、鸟、草叶、流水等为基本素材，应用对称的构思，绘成各种质朴而富于变化的美丽活泼图案，给人以清新美好的艺术感受，充分显示了艺术源于生活的道理。器面上历经数千年而不脱落的彩色纹饰，说明了我国人民远在五千多年前就已经掌握了某些矿物在高温条件下将起一定化学变化的规律。它是五千多年前原始居民们高度艺术创造才能的生动例证，是人类弥足珍贵的艺术遗产。

彩陶长颈瓶

尖底瓶：汲水用器。新石器时代“马家窑文化”陶器，宁夏隆德县凤岭乡出土。高50厘米，尖圆底，外表饰细绳纹，颈细而长，使用时可以在上面牢固地系上绳索。汲水时，将空的尖底瓶放入水中，瓶则自动倾倒；装满水后，尖底瓶又恢复平衡，使口自然向上，汲水十分方便省力。这种器具的出现，表明我国原始居民在很早的时候，通过不断的观察和长期劳动生活的实践，就已经懂得了重心和定倾中心的相对位置与浮体稳定性的关系这一力学原理，并自觉使用这一原理，制成适宜生活用的器具。它是劳动人民智慧的结晶，是原始人类的杰作。

尖底瓶

网格纹彩陶双小耳罐：固原河川“齐家文化”墓葬出土，距今4000年左右。肩宽32厘米，口沿残毁，残高19厘米，圆肩收腹，两耳嵌在肩腹分界的地方，肩部饰有四组对称的圆圈方格网纹，黑色彩

网格纹彩陶双小耳罐

绘。彩陶在“齐家文化”中虽有存在，但已不居此文化的主流，不仅数量大为减少，而且它的式样和花纹都明显地沿袭了以前“马家窑文化”的一些传统风格。

夹砂三足陶鬲：陶鬲，是我国原始社会晚期很有特色的一种陶器，是当时居民的一种主要炊煮用具。这件陶鬲是宁夏西吉县兴隆镇出土的新石器时代“齐家文化”陶器。该器物上部似罐，下部有三个叉开的袋形空心足，它们既可以使陶鬲放置稳固，又可以增加鬲的容量，增大与火接触的面积，加快炊煮的过程。三个足下面形成一个空裆，可以填柴生火，不需另外挖掘灶坑。陶鬲系用黏土掺入大量的砂粒制成，也不会因受热膨胀而破裂，造型既美观，又科学实用。

夹砂三足陶鬲

宁夏南部地区毗邻陕西，“齐家文化”陶器的某些器形和陕西关中地区的龙山文化的一些陶器极为相似。特别是双耳罐、单把鬲等一些器形上，表现出更大的一致性。这表明了两地的原始居民，很早便有经济、文化的交流。

偏颈鸭嘴壶：口径8、腹径25.6、底径8、高20.4厘米。1984年宁夏海原菜园村切刀把墓地出土。尖唇，口微侈，偏颈微曲。溜肩，扁鼓腹，下腹素面无纹饰，小平底。腹置一对半环形带状耳，鸭尾状单鋬，造型活泼生动。黑红相间彩。颈饰网格纹，腹饰锯齿纹兼带鱼鳞纹。这些器

偏颈鸭嘴壶

物的发掘发现，为我们研究宁夏新石器文化，以及西北地区的新石器文化，提供了重要的实物依据。

陶托绿松石颈饰：陶托，径2.8、高1.3厘米；骨珠，径0.2～0.37、孔径0.1～0.15厘米。陶托外形为一束腰，两面内凹的圆形陶器，在其一面周围粘有数十枚规则不一的薄平绿松石，骨质串珠颈饰由大小不一的骨珠组成。该器物于1975年

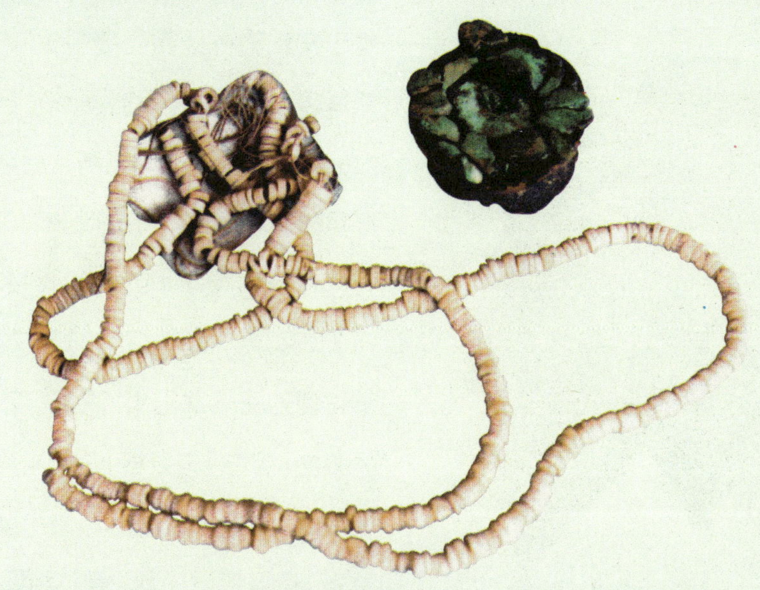

陶托绿松石颈饰

出土于固原店河新石器时代一座随葬品较多的墓葬，共出土各种陶器36件和数百枚骨珠及颈饰。而同一地的另一座墓葬，只出土了几件随葬品。随葬品的悬殊，表明此时同一氏族成员，在社会财富分配上已出现了不平等现象。随着这种差别的不断扩大，氏族的财富日益集中在氏族酋长及显贵的手中，原始社会就在这种分化中逐步趋于瓦解。

绿玉凿

绿玉凿：1964年9月宁夏隆德县凤岭乡上齐家村出土，属于新石器时代。长4.4、宽2、厚0.6厘米。长方形，表面光滑，顶部有切割痕，一角缺损，两侧一侧平直，另一侧呈圆角，单面刃，刃角圆钝。部分呈墨绿色。

史前玉器的考古发现反映了一个重要的史实：我国先民用玉的历程已从原来个别部落的行为，形成了全国范围内的大规模的玉崇拜风气。从石器到玉器，是意识形态领域里一次重大的飞跃，是从物质创造走向了精神创造。玉器文化代表了史前文化的最高境界。

三、见证游牧与农耕文化递嬗交融——战国秦汉文物

西周中、晚期，西戎的势力壮大，将周人逐渐逐出宁夏。周人东迁，宁夏南北分别为义渠、乌氏、朐衍三戎方国占据。西戎方国有着“质朴、务实”的特点，西戎民族以畜牧业为主要生产方式，善于征战和骑射，其青铜兵器的铸造十分精良。这些青铜器具，既有游牧民族气息，又富有艺术感染力，形成了宁夏博物馆诸多馆藏中具有特色的一部分。秦汉时期，大量内地移民和屯田士兵在宁夏兴修水利、开发灌区，极大地促进了农业和手工业的发展与繁荣，留下了丰富的遗存。

兽面纹铜车軎

兽面纹铜车軎：原始社会解体以后，自公元前2000年前后起，我国大部分地区进入了主要使用铜器的时代。1981年固原县中河乡发现了一座西周早期的车马坑和墓葬，出土了鼎、簋等这一时期重要的青铜器具。这件兽面纹铜车軎即出土于此墓葬。通长20.3厘米，箍长10.3、宽10厘米，板长10、宽8.5厘米。该车軎呈喇叭形圆桶状箍，顶平，一端连长方形板。箍与板皆饰有兽面纹，箍壁有一对对称的方形穿孔，极具西周铜器特色。

虎噬驴透雕铜牌：春秋战国，长13.7、宽8.2厘米，1977年固原杨郎出土。同墓共出土两件，每件的整体造型呈“B”形。猛虎

虎噬驴透雕铜牌

作行进状，獠牙外露，形象十分威猛，正张口咬噬驴的颈部，驴身翻转，前足着地，后两足腾空，搭靠在虎背上，作挣扎状。虎身饰斑纹，驴蹄以凹叶状纹表示。两件器物构图相同，左右对称，分别有孔、扣，应相配使用。老虎是牌饰中最常见的猫科动物。这种铜牌，是作生活用品带扣用的，造型完美，栩栩如生地表现了驴被猛虎咬住时竭力挣扎的形态，艺术构思精细巧妙，有浓郁游牧民族特色。

云纹环首铜刀：战国，长23.1、宽2.4厘米，征集。环首、扁柄、单面刃，刃端向上微翘，柄部刻有三组云纹图案。

云纹环首铜刀

错银云纹铜镦：1968年固原头营出土，高6.9、口径3.1、底径2.6厘米，战国。细腰圆筒形，上端有銎，可装入戈、戟的木柲，在其外表及底部，用细小的银片和银丝镶嵌，构成布局完整的卷云纹及曲线图案，然后锉平。由于铸成镦的青铜和嵌入的银两种金属的光泽不同，器物上的图案银光灿灿、绚丽多姿，格外夺目，堪称精美的实用工艺品。

错金银器，是我国在春秋战国时期古代劳动人民创造的一种新工艺。一件错金银器的制成，必须经过铸器、錾槽、镶嵌、磨锉四道复杂的工序。这种工艺经历了二千余年，至今仍为我国制造各种珍贵金属工艺品所沿用。

错金银铜羊：西汉，青铜铸成，长8、高5.5厘米，重665克，1977年宁夏彭阳古城出土。铜羊作蹲卧式，盘角，回首，两眼凝视，似乎看到了什么，造型神态生动、活泼，栩栩如生。除此之外，铸造的工匠还利用传统的错金银工艺，在羊的鼻梁至尾端镶嵌一条金线，金线两侧用粗细不一的金、银线镶错成卷曲的毛状的花纹图案，金光银线交相辉映，更显得生气盎然。工艺极为精湛。

错银云纹铜镦

错金银铜羊

羊咬虎尾铜牌饰：在吴忠市关马湖汉墓出土的诸多器物中，有一件长11.4、宽5.3、厚0.4厘米，表现动物搏斗场面的铜牌饰，十分引人注目。该牌饰长方形，正面浮雕有虎、羊图案，虎头在左，羊头在右，羊咬虎尾，靠左有一长方形镂孔，背面有两个凸起的扣钮。该牌饰虽锈蚀严重，但仍不失为一件构思巧妙的生活用品。

羊咬虎尾铜牌饰

玉蝉：古代的玉器中，有一种是专门为保存尸体而制造的随葬玉器，叫“葬玉”。死者含在口中的葬玉，称为“玉琀”，亦称“琀玉”，多为蝉形，故又称“琀蝉”，在汉墓中发现较多，也有龙形或无一定

玉蝉

形状的碎块的琀玉。1971年宁夏贺兰县暖泉农场汉墓群共出土了两件玉蝉，尺寸分别为长6.2、宽2.8厘米，长5.1、宽2.8厘米。器物形制类同。白玉，晶莹润泽，通体宽扁，圆雕，作静止状。头部及眼部刻划分明。顶端双目斜凸于两侧，斜钻孔似象鼻眼，在正面磋出两翼，背面琢出腹部。翼肩斜弧平缓。刀法极简练，有力感，整体造型生动，做工细致精巧，属汉玉雕蝉珍品。

玉猪：东汉，长10.5、宽2.3厘米，1970年宁夏贺兰县暖泉农场汉墓群出土。

通体圆雕成卧伏状，鼻子突出，富于夸张，身、尾、足仅用数刀，便刻画出整体形象，以简练的阴线琢刻出猪的双耳、四肢及各部位，轮廓清晰。线条简洁、凝练，形象

玉猪

生动，充分表现出猪这一动物憨态可掬的特征。它是葬玉中死者握在手中的玉器，称为“玉握”（或“握玉”）。汉代初期以前，死者握的是无孔的璜形玉器。东汉初至魏晋南北朝时期，死者大多握的是玉猪。

“伏波将军章”：王莽建国元年（公元9年），更改官印规格为2.3厘米见方。宁夏彭阳县草庙出土的这枚龟形纽铜印章，作方形，外表有涂金痕迹，印座边长2.3厘米，合新莽时的长度一寸。印文没有边栏，阴刻篆文“伏波将军章”五字。据史籍记载，今宁夏彭阳草庙在西汉末年时属北地郡。两汉时曾在北地郡生活过的“伏波将军”，只有东汉时的马援一人。王莽时，马援官秩二千石，后为陇西太守。东汉光武帝建武十七年（公元41年），以马援为伏波将军，南击交趾。马援死后虽葬于河南洛阳，但“伏波将军章”发现于他生活过的北地郡境内，当与他不无关系。

琥珀“廉眇印”：东汉时期，除了官吏由官府颁发统一规定的官印外，民间也普遍用印。1972年宁夏永宁县通桥东汉墓出土的琥珀“廉眇印”，十分少见。印

琥珀“廉眇印”

面长1.5、宽1.1厘米，近正方体，呈红色，印背雕有一长身卧虎，造型小巧精致，印面阴刻有汉字篆书“廉眇印”三字，是东汉官、私印章中的上品。

彩绘陶鸮：1972年宁夏银川市平吉堡西汉墓出土，高19厘米。陶鸮呈站立状，翅尾下垂，全身为灰黑色，两眼圆睁，用白色点绘，给予了合理的艺术夸张，更给人以炯炯有神、高度警惕的感觉，尤为生动。头顶有一圆孔，承插蜡烛，设计构思精巧。鸮是猫头鹰一类的鸟，据古代传说，是“阴间”的一种神鸟。银川市平吉堡汉墓出土的陶器有釉陶和灰陶两种，该器物的器壁厚薄非常均匀，显示了西汉时期宁夏地区手工业达到的水平。

彩绘陶鸮

绿釉陶壶：这件陶壶，色泽碧绿如同翡翠。1972年宁夏吴忠关马湖出土。高33、口径15、底径18、腹径26厘米。口微敞，直颈，扁圆腹，假圈足，颈长约占器高的二分之一，器表施绿釉，肩部对称附二模印的铺首。它是由釉料中的氧化亚铁用还原火焰烧成的。釉陶的烧制不仅釉料的配量要求十分准确，而且对烧窑的温度和通风的情况也必须加以严格控制，这没有长期的经验和熟练的技巧是很难成功的。这一批器物的出土，也说明了西汉时期宁夏在农业、水利、手工业等方面的发展水平，已和内地十分接近。

陶楼：1972年宁夏吴忠关马湖出土。陶楼面阔53、进深13、通高70厘米，保存基本完好。泥制灰陶。由两段分别塑造烧成，立体为三层结构，横排五间，进深一间，上施白粉红彩，多已脱落。三层楼面布局各不相同：第一层用刀刻线条表示门的位置，两边各有一熊形角神支撑，形制简单；第二层平座前伸，上立栏杆，形成一字走廊，走廊内无扇板门半开，两边各有一人形支柱；第三层被熊形角神支撑的三架斗拱隔为两间，每间各有一扇长方形棂窗。屋顶高大，正中起脊，脊端略高，呈三角形。起瓦棱，檐外伸，悬山式屋顶。陶楼上的熊形角神和人形支柱，不仅造型生动，使整个建筑富有生气，而且起重要的支撑作用，具有很强的实用性。门窗、栏杆、斗拱和屋顶用了红、白颜色勾描出彩画，特别是斗拱的使用，加深了屋檐的深度，既加强了屋顶的防雨效果，又使房屋轮廓增加了明暗对比的艺术效果，是东汉我国木结构建筑的真实缩影。

陶楼

汉代有厚葬的习俗，墓主一般“视死如生”，尽可能会把生前所用之物都“搬”到墓穴中，供他们在阴间享用。整个墓室呈现出一种“人间气象”——不但修葺了院落，精心建造了仓囷(粮仓)、龙头灶、水井等，还配备了鸡、鸭、猪、狗等陶制动物，并有铜镜、铜钱、玛瑙、琉璃串饰等随葬品。

“大泉五十”铸钱铜范：公元9年，王莽称帝，改国号为“新”，史称“新莽”。此前，即公元7年，他改变西汉的货币制

度，新铸“大泉五十”、“契刀五百”、“一刀平五千”等，和以前西汉的“五铢”钱一起流通。这件钱范，长约22、宽15厘米，圆角长方形。正面的顶端有一个凸出的主槽口，主槽自上而下纵贯全范的正中。主槽上宽下窄，两侧各有六条支槽，分别通向6个阴文的“大泉五十”钱型。钱型和钱型之间又有小分槽相连系。铸钱时，将熔化的铜水从主槽口灌入，一次即可铸“大泉五十”钱22枚。

王莽时期的币制虽然品类繁多，朝定夕改，变化频繁，但货币的铸造技术却比以前有很大的提高，其料质的优良和文字的精美，都远在西汉时的“五铢”钱以上，还将错金的工艺第一次应用到铸币上，出现了错金刀币。“大泉五十”铸钱铜范的发现，为了解新莽时的币制情况和铸造技术，提供了重要的实物资料，是反映新莽币制史的一件珍贵文物。

“大泉五十”铸钱铜范

四、再现丝路重镇风采——唐宋文物

北朝至隋唐是我国与周边甚至遥远国家交往最为频繁的时期，大量其他民族流寓中国，宁夏正处于少数民族进入中原的丝绸之路孔道。宁夏南部和北部的政治、经济、文化中心一直分别为原州（今固原）和灵州（今吴忠），是贯通中西丝绸之路的重要通道，一度成为丝绸之路上重要的国际都市，贡使、商贾、僧侣来往不绝。随着考古工作的逐年深入，固原、灵州地区发掘出土了大量极具中西文化交流印记的遗迹、遗物，揭示了宁夏在丝绸之路上的辉煌成就与重要地位，也丰富了宁夏博物馆的馆藏。

胡旋舞石刻墓门：1985年宁夏盐池县苏步井窨子梁唐墓出土了两扇雕刻有“胡旋舞”图案的石刻墓门。每扇门均呈长方形，单扇长88、宽42.5、厚5.4厘米，上下有圆柱状榫，榫高13、直径10厘米。两门闭合处各有一孔，出土时有铁锁锁扣。每扇石门正中浅雕一“胡旋舞”男伎。所刻男伎为典型的胡人形象，深鼻高目，发束带，上身着圆领紧身窄袖衫，下身着贴身紧裙，脚穿长筒皮靴，站立在一块编织精美的小圆毯上，双人对舞着出自康国、在唐代非常盛行的胡旋舞。四周剔地浅浮雕卷云纹，似舞伎腾跃于云气之中，造成流动如飞的艺术效果。整个

胡旋舞石刻墓门

画面，构思精妙，主题突出，人物面部表情生动自然，体态轻盈健美，舞姿迅疾奔放、充满欢乐的生活气息，是中西文化交流的重要产物。

根据窨子梁唐墓出土墓志记载，墓主人卒于唐武周久视元年（700年），里面使用了许多武周时所造的字。从志文“大周……都尉何府君墓志之铭并序”、“君……大夏月氏人也”等清楚得知，墓主人为月氏人，何姓。何姓是西域康国昭武九姓中的一支。

金“方奇”：2006年宁夏盐池县青山乡古峰庄出土了隋朝向海明农民起义军用过的3块金质遗物，均为镂雕法制成泥范，然后以失蜡法浇铸而成。图案清晰，线条流畅，文物价值极高。该器物便为其中的一块。长18、宽14、厚1厘米，重约900克。一面饰有狩猎图案，另一面刻有82个铭文，弥足珍贵。正面的图案中，有3个张弓搭箭的武士形象。上方正中的骑射武士，仪态端庄，身着盔甲，纵马驰骋，弓满弩张，锋芒所指前方的猎物——虎，威风凛凛，极具王者风范。下方左右两边各是一步射武士，也是开弓满月。此二人所处画面的下方，又没有坐骑，或

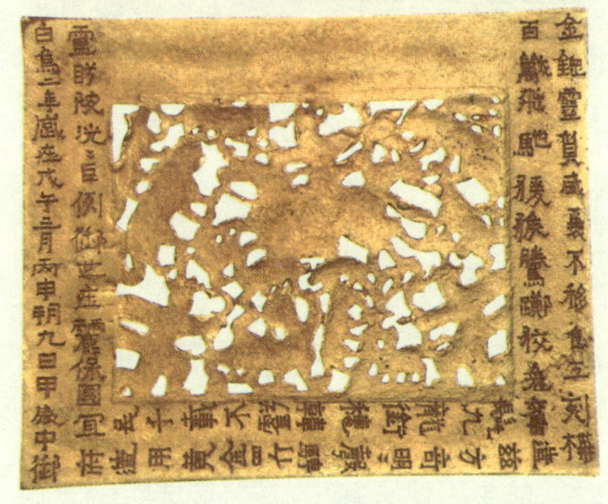

金“方奇”

许应为地位卑微的臣下。画面上有虎、熊、豹、犴、豕、麋等兽的形象，左上方有唯一一只飞鸟图象。器物正面外边框随形装饰一圈柱钉，正中图案四周装饰两圈柱钉，它们与外围柱钉之间间以龙纹与波涛纹组成的图案。中国传统中龙是天子的象征。这三圈柱钉作何用处或寓意所指，暂不明确。整个图案构思严谨、寓意深刻、技法精湛、做工精巧，堪称上乘之作。有学者推断此文物生动形象地表现了“大射”情景图画，所以这幅“大射图”可谓绝世超伦的“古今第一图”。背面魏碑体书写的铭文，为骈体文，正文56个字，每四字为一句。落款26个字，自然断句。经辨识，全文从右至左基本为：“金刚（或有学者辨识为“锭“字）灵质，盛衰不移。良工刻构，造兹方奇。明明瞉骋，百兽飞驰。猿猴腾踯，狡兔跧髭。九龙衔穗，韩卢盻陂。洸洸巨例，御世庄丽。保国宜民，千载不亏。白乌二年岁在戊午，三月丙申，朔九日甲辰。中御府造，用黄金四斤。”

至于这三件文物何以命名以及它们的用途，专家尚在研究中。现暂且依据铭文中所示，定名为“隋向海明农民起义军用品——金‘方奇’”。

男立俑：2005年吴忠北郊唐墓出土，现为宁夏文物考古研究所收藏。此俑高64厘米，头戴前倾幞头，向右偏转，高鼻深目、络腮胡。内穿圆领窄袖内衣，其上套半袖，外穿翻领窄袖袍，

男立俑

腰束带，下着裤，穿长靴，双臂屈于胸前，双手握拳立于踏板之上，拳呈筒状原应握有物体。踏板呈长方形，较薄。俑眉骨宽凸，鼻高直，目视前方。此俑的服饰、造型极具胡人形象。

马俑：2005年吴忠北郊唐墓出土，现为宁夏文物考古研究所收藏。此俑高67厘米，头右顾，四腿直立站于长方形的踏板上。腹部空，颈部一长凹槽，尾部一较深的圆穴，可能系插马鬃和马尾之用。马面部两侧和腹下部及腿部饰红彩。

镇墓兽：2005年吴忠北郊唐墓出土，现为宁夏文物考古研究所收藏。兽形，通高67厘米，蹲踞于一踏板上。兽昂首挺胸，巨嘴大张，双目圆睁，鬣毛呈放射状竖起，双耳直立，长尾贴于背部，形态狰狞恐怖，具有气吞万夫的威慑之

马俑

镇墓兽

势。踏板呈圆角方形，较薄，周缘压印斜向浅槽。

玻璃球：1985年宁夏盐池县苏步井窨子梁唐墓出土，直径4厘米。球状，中空，表面光滑，呈黑绿色。

玻璃球

鎏金铜佛像：此尊造像高15.3厘米，铜质，1985年西吉县将台王家湾出土。由佛像和桃形火焰纹背光两部分铸造而成，用卯、榫结合成一体，表面部分鎏金。佛像面容丰满，体态轻盈，工艺精细。伴随着丝绸之路的开通，佛教在原州地区得到了广泛传播，石窟寺和造像为主要表现形式。在西吉县和原州区发现了近70尊隋唐鎏金铜造像，是中国化的独具魅力的佛教造像。它们既是古代西北各民族人民智慧的结晶，又是中西文化交流的历史见证。

鎏金铜佛像

唐墓容威墓志：长85.5、宽80.5、厚15厘米，1974年同心下马关镇唐墓出土。该墓志近方形，用灰色青石制成，四边无装饰图案，只在上端的侧缘有一支线雕莲花，显得十分朴素。志文共33行，每行31～35个字不等，用汉字行书体镌刻，大多清晰可见。墓志记载了慕容威夫妇，葬于唐乾元元年。追述了慕容威的远祖、祖父和父亲。慕容氏为古代鲜卑族的一支，世居辽宁北部，公元635年归附唐朝。根据墓志记载，慕容威在任长乐州游击副使时，深受当地汉、鲜卑族人民的崇敬，这反映出了唐王朝与唐代鲜卑族之间的亲密关系。

唐慕容威墓志

象首塔形罐：现为宁夏文物考古研究所收藏，最上为塔状钮盖，由盖盘和盖钮分件制作粘接而成。盖盘覆碗状，敛口，圆唇，浅腹，内平底，外假圈足，中部粘接塔状钮。塔三层，空心，制作精细，基座较低，呈倒圆台形，塔身三层，塔刹宝葫芦形，顶部一直径0.6厘米的竖孔。盖盘腹部粘贴二周泥条，用手指向右、向上卷压呈花瓣状附加堆纹。塔状钮和附加堆纹饰橘红色，其余部分饰黑色。其中两周附加堆纹之间和盖盘口沿外侧黑色间隔露白，形成三个椭圆形，其内饰橘红色圆点纹，大部脱落。

中间为兽面罐，敛口，圆卷唇，低矮领，腹部圆鼓，平底。腹上部贴饰相对的模制象面和兽面，高度相同，间距略有差异。两象面中，一个残存少部，一个略残，平面略呈“山”字形，底面略凹，正面中部高凸。象长鼻，鼻尖向右侧卷，双耳宽、长，嘴和眼微凸，额部饰二道凹槽，上部戳一直径0.5厘米的穿孔。周围有和器壁粘接的抹痕。两兽面完整。平面圆形，底面内凹，正面高凸，兽面咧嘴，獠牙较小，嘴两侧戳一直径0.8厘米的锥状穿孔，鼻宽长略高，大眼圆凸，双眉横向相连。用黑彩描绘轮廓，灰色绘圆点纹，惜大部脱落。

象首塔形罐

最下是底座，上部唾盂状，敞口，内方唇，外侧向上卷压成波浪状的花唇，束颈，鼓腹。上压印间距不一的12厘米宽的凹槽。底口部覆盆状，敞口，窄平沿，圆卷唇，深腹，脱底，底径较大。腹部粘贴一周泥条向上卷压成花瓣状附加堆纹。套接处较细，器壁厚，有粘接痕。花唇和附加堆纹饰橘红色，其余部分饰黑彩，大部脱落模糊不清。

塔形罐是一种具有佛教特征的陪葬明器，是唐代陶瓷器的一个新品种。其流行时间较长，造型也多种多样。唐代塔形罐深受佛教的影响，其堆塑贴花工艺在前代的基础上有了新的发展，尤其是堆贴的人物、兽面形象栩栩如生，花朵图案穿插排列整齐而有变化，装饰性极强。塔形罐在唐代是一种具有印度风格和宗教色彩的器物。它是唐朝与西域进行文化交流的产物，蕴藏着丰富的历史文化内涵，对研究唐代历史文化有着重要的价值。

唐契苾部浑公夫人墓志铭：青铜峡市玉泉营农场发现。墓志呈方形、青石质，边长60、厚12厘米，文字竖向镌刻，字体俊秀，志文楷书，共23行，530字。墓志颂扬了浑公夫人的名门家世之荣耀及其贤德才智，还对契苾族、浑部、浑公夫人及家族渊源、世系及先祖功业略做追述。该墓志的发现，为研究唐代少数民族铁勒九部之一的契苾部提供了有力的实物资料。

吕氏夫人墓志铭：现为宁夏文物考古研究所收藏，长26、宽32.7、厚8.2厘米，砂石质，18行，318字。宁夏吴忠市西北郊唐代墓葬群出土。碑铭正文中有："……夫人……，以太和四年（公元830年）七月六日终于灵州私第，享年五十有七。……其年十月十四日殡于回乐县东原，礼也"的记载；右侧面竖刻一行"摄迴县尉试家令寺承吴陟撰"的铭文。史

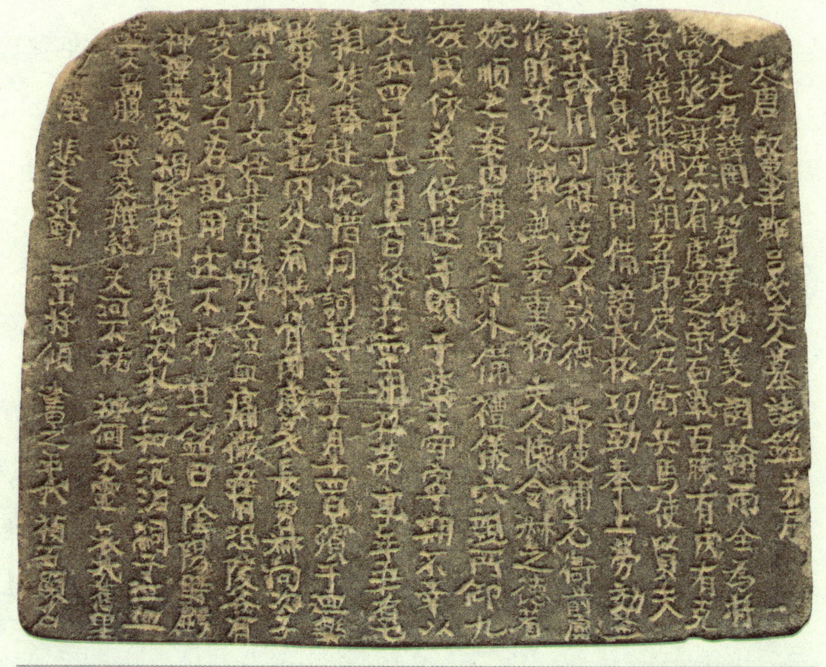

吕氏夫人墓志铭

载，唐灵州州治在回乐县。吕氏夫人墓志铭佐证了古灵州城就在今宁夏吴忠市西北的史实。无怪乎有学者称，此块墓志的发现，可谓“一石惊天”。

葵边鸾兽铜镜：唐代，直径22厘米，铜质。1965从年固原县王洼乡（今彭阳县）群众手中征集。边缘作葵叶形，背面铸有相对的鸾凤和神兽，鸾凤展翅欲飞，神兽四肢腾空，极富动感，间饰以云纹。镜钮安置在一支宝相花中间。镜面光莹照人。镜面如此之大、保存如此完整的唐代铜镜，较为罕见，实属唐代铜镜中的珍品。

葵边鸾兽铜镜

皈依罐：1972年在宁夏固原北门外机砖厂宋墓出土的这件皈依罐，格外引人注目。器物通高68厘米，共分五层，由下至上依次为底座、花边口沿钵、舍利罐、覆莲盖、葫芦形塞。底座下大上小，分上下两部分：下部四周兽头头顶圆环，颈部拉长做支柱，环边饰莲花宝珠；上部塑四力士，手托圆环，圆环周围饰莲花宝珠。高圈足花边口沿钵置于圆环正中，钵

皈依罐

中腹贴塑一周乳突纹。钵上置一敛口鼓腹舍利罐，腹中贴塑一周乳突、卷草纹。覆莲盖扣于舍利罐上。盖上为葫芦形塞。器物的五个部分装置紧凑，似为一体，纹饰手法富于变化，造型独特，制作精美，装饰华丽，整体给人以端庄凝重的感觉。

耀州窑刻花卉纹盖碗：宋代，高12、口径15、底径6.8厘米，宁夏固原县文物站出土。整个器型分为两部分，上部为器盖，盖顶有钮；下部为碗，直口，圈足。施以淡豆绿色釉，釉面光滑，装饰有大团刻划花叶纹饰，圈足脱釉。造型端庄大方，刻划线条圆顺明快，釉色青中闪黄，胎质坚密，耀州窑瓷的特色，由此可窥见一斑。

菱花形人物楼阁纹铜镜：直径18.5厘米，宋代。宁夏隆德县观庄宋墓出土。菱花形，圆钮。主题纹饰为山水人物画图，以群山为背景，左边是一棵枝繁叶茂的桂树，右边是单檐庑殿顶的房屋，门旁有玉

耀州窑刻花卉纹盖碗

菱花形人物楼阁纹铜镜

兔在捣药，下边是弧形梁式桥，桥下河水汹涌。门半闭半启，一人侧身远眺，门前椅上坐一长者，着袍束带，身旁两侧分别侍立着手执宝扇的金童玉女，皆目视桥头。桥头一人，头戴高冠，侧身弯腰拱手。菱花形缘，通体鎏金。整个镜面构图丰富，造型盈巧，是宋代典型的人物故事镜。

宁夏泾源县泾河源宋墓出土的方形砖雕共29块。其中门窗13块。其余16块，一块雕高木方桌，桌上置有两个高足茶盏和水果等物，与河南白沙一号宋墓所见的形制大体相同；其余方砖，除带鞍具的马、裸马及骆驼外，还有各种形态的男女侍仆和担物者。砖雕人物中妇女的衣领装束和中国国家博物馆馆藏的北宋

桌椅图砖雕

妇女的画像砖也相同。

碓米图砖雕：长19、宽28、厚5厘米，1977年宁夏泾源县泾河源宋墓出土。

砖雕呈长方形。出土时嵌于古墓左室右壁券门下部一侧，和推磨图相对。夫妇二人，双手扶栏杆，脚踏碓杆。男子着翻领左衽长衣，前襟掖起，系在腰带上。妇女高髻，着短衣长裙，身背婴孩，身子前倾，费力地踏着碓杆，和丈夫一起舂米。碓杆的另一端装着一块石头，悬在空中，垂直下方放置着一个石臼，石臼附近有箩、簸箕等生活用具。砖雕采用减地的雕刻方法，使整个画面图案都具有浮雕的艺术效果，生动地反映出劳动人民的日常生活。它是研究宋代社会经济生活和阶级

碓米图砖雕

关系的珍贵实物资料。

推磨图砖雕：长31、宽19、厚5厘米，1977年宁夏泾源县泾河源宋墓出土。该砖雕出土时嵌于古墓左室右壁券门一侧。整个雕砖采用减地雕刻，使一个推磨的场景生动地刻画在一块长方形的砖上，具有浮雕的艺术效果。圆形磨盘上横穿一长条推杠。一个头梳高发髻的妇女，着圆领短上衣，长裙，系长带，双手握推杠于胸前，眼睛注视着推杠另一端身高不及杠的小孩。小孩全身裸露，背朝外，头向上昂起，看着高过头顶许多的推杠，双手作吃力的推磨状。整个画面将母子二人推磨时，母亲疼爱、怜惜孩子的情景淋漓尽致地表现了出来。在宁夏泾源县泾河源宋墓出土的这批砖雕中，推磨图与碓米图砖雕显得尤为珍贵。

推磨图砖雕

仕女图砖雕：长14.5、宽30、厚5厘米，1977年宁夏泾源县泾河源宋墓出土。该砖雕呈长方形。浮雕一侍女，发髻高耸。着宽圆领短上衣，系长裙，长带，双手抱一长柄执壶，置于胸前。

鞍马图砖雕：长30.5、宽30.5、厚

鞍马图砖雕

5厘米，1977年宁夏泾源县泾河源宋墓出土。砖雕呈方形。泾河源宋墓出土的马砖雕有两类，一类为裸马；一类有马具，配有鞍具和辔具，缰绳系在拴马桩上。该砖雕为后一种，马取立姿，似在歇息。马首微颔，双耳直立，颈部粗壮，身体肥硕，前腿挺直，后退微屈，长尾及地。雕刻手法简练，平实而质朴。

人举鸟笼图砖雕：长30.5、宽30.5、厚5厘米，1977年宁夏泾源县泾河源宋墓出土。砖呈方形，浮雕，一人用手托举鸟笼。人物刻画简练、质朴。宁夏泾源县泾河源宋墓所出土的大量砖雕，具有重要的历史价值。它反映了北宋的部分社会经济生活状况。人物砖雕以浮雕的方法突出总体轮廓，衣饰细部花纹则用线刻，腿部和臂部的肌肉绷起，形成了合理的艺术夸张。所雕人物的发式、衣帽和用具等，为我们了解北宋时期劳动人民的生活习俗也提供了形象的资料。

人举鸟笼图砖雕

持壶图砖雕：男仆头戴幞巾，着翻领长袍，双袖卷起至肘部，前襟卷起掖于腰带上，左手持有盖长柄执壶，穿长裤，足穿靴鞋，上身前倾，似乎听到主人的呼唤，正在匆忙前去斟酒服侍。该砖雕以浮雕的手法将人物的轮廓突出表现出来，整体画面形象生动。

骆驼图砖雕：长30.5、宽30.5、厚5厘米，1977年宁夏泾源县泾河源宋墓出土。砖雕近似方形。正面中间浮雕一带缰

骆驼图砖雕

绳跪卧状骆驼，手法简练、质朴。

猪圈图砖雕：长30、宽18.5、厚5厘米，1977年宁夏泾源县泾河源宋墓出土。砖雕为长方形，画面中间浮雕一猪在圈

猪圈图砖雕

内，右前肢抬起，作待食状，形象生动。

挑担图砖雕：长30.5、宽18.5、厚5厘米，1977年宁夏泾源县泾河源宋墓出土。砖雕近正方形。正面中间浮雕一挑担男子，担被所挑重物压弯，极富动感。

挑担图砖雕

龙泉窑青瓷刻荷花莲瓣纹温器：口径16.2、高6.5、底8.2厘米，1959年上海博物馆捐赠。通体呈深腹碗状，釉呈豆绿色，釉层不厚，色泽均匀，有冰裂纹。表面凹陷似盘状，中间饰以莲瓣花纹，环

二周带状线条，间以不规则云纹。底部有一孔，中腹空，可注水保温，故名温器或温碗。此器设计构思巧妙，别具匠心。

北宋时期，龙泉窑烧造的瓷器器型主要有碗、盘、钵、罐、瓶、盆及执壶。器物的胎为灰色或浅灰色，釉层较薄，釉面有流釉及开片现象，釉色青中带黄。常见纹饰有团花、菊花、莲花及缠枝牡丹等。

龙泉窑青瓷刻荷花莲瓣纹温器

"大定四年"款"得胜寨"铜印：金代，"文革"前从银川市金属回收公司征集。为铜质方形印，印面边长5.3厘米，长方形扁柱钮。印面铸汉字九叠篆体文"得胜寨印"四字，竖行，自右至左书写。印钮两侧分别镌刻两行行书体汉字"大定四年"、"少府监造"，印钮顶部刻有一个"上"字，以示上下。

"大定四年"款"得胜寨"铜印

五、揭开西夏王国神秘面纱——西夏文物

党项人是古羌族的一支，早期生活在我国西北青海一带，后逐渐内迁至今甘肃、陕西、宁夏地区，依附于中原王朝，并逐渐强大起来。1038年党项首领元昊建国称帝，国号大夏，定都兴庆府（今宁夏银川市）。因其在宋朝西北方，习惯将它称之为“西夏”。西夏疆域范围包括今宁夏全部、甘肃大部、陕西北部以及内蒙古的西部地区，先后与北宋、辽和南宋、金对峙鼎立，共历十主，1227年为蒙古成吉思汗所灭，历时189年。西夏文化是深受中原汉文化影响的多元文化，又具有很强的民族及地域特色。馆藏的西夏文物，从西夏文字、西夏陶瓷、西夏工艺、西夏佛教、西夏建筑五个方面，展现出西夏文化的独特魅力。

西夏文大号字木雕印版：1990年6月至1991年10月，文物部门在对宁夏贺兰县宏佛塔进行修缮的过程中，在佛塔槽室内发现了两千多块木雕印版残块。残版多已炭化，根据字号的大小，分为大、中、小号字木雕印版。该雕版为大号字版，长13.7、宽23.3、厚2厘米。版上每字1～1.2厘米见方，字体方正，表面整齐平滑，刻工娴熟有力。版面中间有宽1厘米的中缝，中缝两侧各竖刻六行西夏文字，其中最长一行残存十个西夏文字，行距0.6～0.8厘米，字距0.1厘米，中缝上亦刻有三个西夏文字，较版面上字略小，雕版背面平整无字。这类雕版发现较少，共7块，版厚字大，且只一面雕字，所印书籍当是疏朗清晰，质量上乘，应是皇室或财力充裕的官府、寺庙所刻。此块残版是宏佛塔槽室内发现最大的，也是唯一没有全部炭化变黑的一块。

西夏文大号字木雕印版

西夏文佛经《吉祥遍至口和本续》：20世纪90年代初，由于不法分子的狂妄贪婪，一座保存了近千年的西夏古塔——宁夏贺兰县拜寺沟方塔一夜之间被炸成了一堆废墟，而从这堆废墟中清理发现的西夏文佛经《吉祥遍至口和本续》，却震惊了全世界。宁夏博物馆所藏是本书的第76卷，纵30.7、横38厘米，1991年宁夏贺兰县拜寺沟方塔出土。刻本，白麻纸精印，蝴蝶装。完本者有封皮、扉页，封皮左上侧贴有刻印的长条书签，书名外环以边框，封皮纸略厚，呈土黄色，封皮里侧另背一纸，有的纸为佛经废页，背时字面向内。全页四界有子母栏，栏距上下23.5厘米，无界格，半面左右15.2厘米。版心宽1.2厘米，无象鼻、鱼尾。上半为书名简称，下半为页码，页码有汉文、西夏文、汉夏合文三种形式。每

半面10行，每行22字，每字大小1厘米左右。字体繁复、周正、秀美。

《吉祥遍至口和本续》具有明显的活字版印本特征，如版框栏线交角处缺口很大，版心行线与上下栏线不相接；墨色浓淡不匀，印背透墨深浅不同；同一面同一字笔锋、形态不一；栏线及版心行线漏排、省排；经名简称和页码用字混乱，有的错排、漏排；数字倒置等等。这些都是在雕版印本上不可能出现的。《吉祥遍至口和本续》笔画流畅，边缘整齐，少有断笔、缺笔现象，印制精良，具有木活字版印本特点，而与泥活字版有明显区别。另外，有些字行间长短不一的线条，是木活字特有的隔行加条痕迹。这说明元代王祯《活字印书法》中“排字作行，削成竹片夹之”的技术，早在西夏时期就已经出现。1996年11月6日据文化部组织鉴定委员会鉴定，1991年于宁夏出土的西夏文佛经《吉祥遍至口和本续》是迄今世界上发现最早的木活字版印本，它将木活字的发明和使用时间提早了一个朝代，对研究中国印刷史和古代活字印刷技艺具有重大价值。2002年，被列入第一批“中国档案文献遗产工程”名录，为推动宁夏文化事业的发展和提高宁夏在国内外的知名度起到了很好的作用。

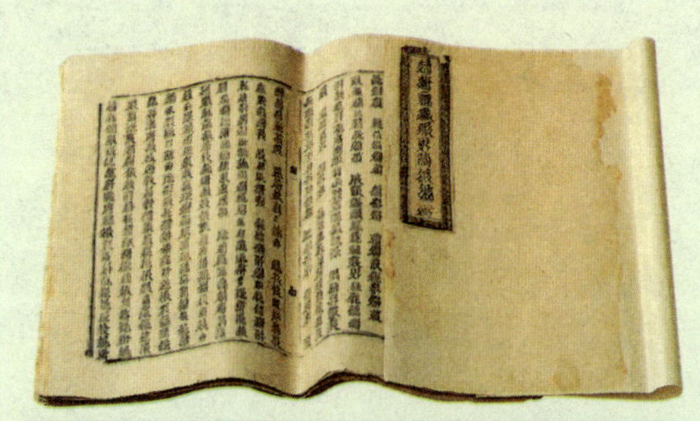

《吉祥遍至口和本续》

西夏文寿陵残碑：被誉为“东方金字塔”的西夏陵区9座帝陵，共有碑亭遗址16座，曾屡遭洗劫，所得残碑极破碎，多为三五字，一二十字者更为少见。此块残碑于1975年宁夏银川西夏陵区7号陵西碑亭遗址出土。长28.5、宽49厘米，

西夏文寿陵残碑

白砂石质，由五块残碑粘接而成，为拼合后留存西夏文字最多的一块，共11行44字，实为珍品。墓碑正文为阴刻楷书的西夏文字，结构饱满匀称，字体刚劲、挺拔、美观，凿刻刀法娴熟。每字边长约3厘米，字体鎏金，有的笔画内金箔犹存。译文为：受后魏典／也义残／文武皆备／世各显也不妙也乎／深院悙懿略具定／内家未与悟故／行者钟鼎家／而岳／方立起／上藏／负。它不仅具有极高的艺术价值，而且充分反映了西夏文字的结构特征。

黑釉剔刻花四系扁壶：长35.4、直径31.6、厚17.3厘米，西夏，现宁夏海原县文物管理所收藏。此扁壶直口台唇，长颈，壶体扁圆，肩部和下腹各有一对带状耳，腹部两面正中各有一圈足，便于卧放。正面圈足周围以剔釉露胎的技法，剔刻出连枝牡丹花纹图案，背面施釉不到底。扁壶是西夏瓷器中比较常见的器物，也是最具民族特色的器物，制作精良，产

黑釉剔刻花四系扁壶

量较大。扁壶的两侧有双耳或四耳，以便穿绳提拿或携带，它可能由游牧民族盛水的皮囊演变而来。党项民族长期生活于马背之上，能耐寒暑饥渴，长于骑射，而扁壶体态轻盈，形状非常适合在马背或驼背上吊挂携带，为西夏人所喜欢的用具。

黑釉剔刻牡丹花经瓶：该经瓶于1986年宁夏灵武磁窑堡出土。残高38.8、口径7.5、腹径19.5、底径12厘米。圆肩深腹，肩部有一涩圈，釉色光润明亮，以剔地露胎的技法，于腹部开光剔刻牡丹枝叶纹，形成白底黑花的效果。开光两侧刻画花叶和密集的弧线纹作为底纹，

起到了局部装饰的作用。

西夏经瓶，多为剔刻花纹饰，施釉均不到底，制作精良。造型特点为小口，束颈，丰肩，腹部修长下收，暗圈足。牡丹花是西夏瓷器中最常见的纹饰，在西夏的扁壶、罐、瓶、盘、和盆等器物上大量使用，体现了西夏人对牡丹花的情有独钟。

黑釉剔刻牡丹花经瓶

西夏荔枝纹金牌饰：西夏政府机构中专门设有“文思院”，其职能是“掌造金银犀玉，金彩绘素，以供舆辇册宝之用”。西夏《天盛改旧新定律令》规定，普

西夏荔枝纹金牌饰

通百姓禁止使用金器，违背者要处以重罚。正是由于皇室贵族的垄断和占有，西夏的金属制品工艺十分精良，器物造型轻巧，外表光莹，厚薄均匀，做工精细。这件金牌饰是1975年宁夏银川西夏陵区6号陵出土的。长5、宽2.1、厚0.4厘米，重11.7克。该饰件通体呈长方形，用纯金锤锞而成，四周压出凸棱边框。正面凸出三组荔枝果及枝叶纹，底为圆点纹，背面左右两端各有一横穿。它不仅是一件非常珍贵的纯金工艺品，而且是西夏时期高超的金属加工工艺有力的实物佐证。

鎏金铜牛：宁夏博物馆镇馆之宝，1977年宁夏银川西夏陵区M177出土。该铜牛长120、宽38、高45厘米，重188千克。青铜铸造，中空，外表通体鎏金。牛屈肢而卧，双眸远眺，四肢有力，体态健壮，比例匀称，线条流畅，造型形象逼真，个体硕大。该铜牛制作时需要将冶炼、模具雕塑、浇铸、抛光和鎏金等工艺集于一体，真实地反映出西夏青铜铸造工艺的高超水平，是西夏艺术品的珍品。另一方面，西夏墓中随葬制作如此精美的铜

鎏金铜牛

牛，说明了牛在西夏农业生产中的重要地位，为我们研究西夏社会的农业经济提供了一个实物佐证。敦煌榆林窟壁画中的西夏农耕图，描绘出西夏同中原地区一样的“二牛抬杠”犁地场景。牛耕对发展西夏农业经济无疑起了很大作用。

石马：与鎏金铜牛一同从宁夏银川西夏陵区M177出土的另一件珍贵文物是石马，长130、宽38、高70厘米，重355千克。西夏石雕大体上有陵墓石雕、碑刻、石刻塔和摩崖造像等。该石马砂岩圆雕，四肢屈膝跪卧，马头稍垂，颈部呈弯曲状，瞪目立耳，马鬃整齐流畅地披散在脖子上，身体肥壮浑圆，比例匀称，线条简洁凝练，姿态雄健，继承了汉唐的雕刻风格，生动地再现了西夏马的形象，不失为西夏石雕艺术的精品，反映了其浑厚朴实、饱满丰腴、雄健奔放、坚实粗犷的

石马

艺术特征。

从西夏陵区发掘情况可以推测，铜牛和石马是西夏贵族、重臣墓葬中的主要随葬品之一，它们不仅反映了西夏党项族对马等家畜的珍爱，更重要的是反映了西夏畜牧业经济的发展。

西夏竹雕：1975年宁夏银川西夏陵区6号陵出土了一件长7.5、宽2.7、厚0.3厘米，保存较好的竹雕文物。通体呈长方形，细浅阴刻，左边上端有一圆孔，右端已残。表面精雕细刻出当时中原人民的生活场景：以庭院、松树、假山、窗户、花卉为背景，烘托出两位头扎发髻、身着宽袖长衫、腰间系带，形神各异的男子。一人正轻手轻脚，企图捕捉飞落在草丛中的虫鸟；另一人静立在屋檐下袖手旁观。所雕人物形象逼真，构图布局适宜，造型美观。这一器物可推测为夏、宋文化交流的珍贵实物。

印婴戏莲纹绢：党项族是西北地区的游牧民族，畜牧业发达，所以毛纺织业具有悠久的历史。丝织业作为中原地区

西夏竹雕

的传统手工业，宋代已有很高的水平。西夏一方面通过宋朝每年的“岁赐”以及贸易进口获得大量丝织品，另一方面也逐步发展自己的丝织手工业。西夏建国后，政府机构中设置了“丝绢院”和“绣院”等，专门管理棉、丝和麻纺织业的生产，所出的丝织品有绢、纱、罗绮、绫、锦等。在《天盛改旧新定律令》中，有一些关于丝织生产工序的词语，如“缫丝、染丝线、绣线、纺线工”等，这说明西夏丝织业已经发展到了一定的水平。

1986年宁夏贺兰县拜寺口双塔出土了两块尺寸分别为长30、宽84厘米，长29.7、宽87厘米的西夏印花纹残绢。两块印花绢图案完全相同，为童子戏花图。图中的花纹采用连续纹样，其基本构图是一排横置数个圆形花环，环内绘有四朵小白花，环外绘一周连珠纹；另一排横置数个菱形花框，框内也绘有四朵小白花。花框与花环错位排列。花框四边各有一戏花童子。童子的造型和大小完全一

印婴戏莲纹绢

样，皆为裸体，面相丰腴，肌体白胖，挺胸鼓腹，右手上举抓一枝条，左手自然下垂也抓一枝条，双腿腾空跃起，肚皮上围一块黄色肚兜，身上饰桃形项圈和环状手镯。不失为西夏时期绢制品的上乘之作。

鎏金文殊菩萨铜造像：1986年4月，银川市新华街百货大楼在扩建后楼的施工过程中，发现了一处面积不大的窖坑。经过考古人员的发掘清理，除发现有宋代和西夏时期的破碎瓷片外，共出土青铜文物10件，其中2件六棱双耳长颈瓶，1件双龙钮八卦铜钟，7尊佛教人物鎏金造像。这几尊造像，出土时金光灿灿，造型生动、形象逼真、比例匀称、工艺精湛，具有极高的工艺和学术研究价值。其中一尊文殊菩萨铜造像，通高58.5、正面宽46.5、侧面宽25.5厘米，净重28.8千克。该造像青铜质，通体鎏金。上部为文殊菩萨头戴高冠，面部圆润，大耳垂肩，双目微合。身着宽袖紧身天衣，胸佩璎珞，飘带绕体，手持如意，左手在上，右手在下，结跏趺坐于莲花座上，莲花座下垫一火云纹蟠龙戏珠图案的披毡。下部坐骑为一头狮子，两眼圆睁，尾巴卷曲。菩萨神态安详，狮子侧首伏卧，呈现出既驯服顺从

鎏金文殊菩萨铜造像

又不失威猛雄健的神态。

关于宁夏银川市新华街出土这批青铜器物的时代，目前学术界尚有争议。有的学者从出土现场的地层关系及制作工艺推断，认为应属于西夏后期；而亦有学者从造像的造型及制作风格上分析，认为其更接近于明代。1996年经国家一级文物鉴定组专家确认为一级文物，时代为西夏。

彩绘泥塑罗汉像：高63.5、正面宽42.4、侧面宽31厘米，1990年宁夏贺兰县宏佛塔出土。罗汉圆顶光头，粗眉细眼，眼珠乌亮，眼角稍翘，鼻梁高直。结跏趺坐，双手已残。身着交领袈裟，腰部束带，外穿右袒大衣。袈裟用黑色衬底，上绘白色团花。大衣用黑色绘出格子图案，领边和方格图案内刻画繁密的花卉纹，纹饰上贴有金箔，但多已脱落。此像体态丰满，神态怡然，形神兼备。纹饰线条流畅，技法运用纯熟。

彩绘泥塑罗汉像

西夏是一个笃信佛教的国度。随着佛教寺庙的发展，泥塑作品在西夏比较普遍，并且具有相当高的水平。在敦煌莫高窟、武威、张掖、黑水城遗址、西夏陵区、贺兰山拜寺口双塔、内蒙古额济纳旗等地皆有西夏泥塑的发现。宏佛塔出土的佛教泥塑作品，既继承了唐宋彩塑的传统手法，又具有西夏造型特征，每一尊塑像都是一件完美的艺术品。它系宫廷艺匠的力作，也是我国所发现的同类题材的佛教艺术品中的精美之作，对于研究西夏佛教文化、美术史提供了系统的实物标本，具有重要的历史、艺术、科学研究价值。

彩绘泥塑佛头像：1990年在被人们戏称为“比萨斜塔”的宁夏贺兰县宏佛塔的修缮工作中，于刹座天宫内出土了一大批珍贵的西夏文物。这次发现被评定为1990年全国十大考古新发现之一，其中就有六尊精美的彩绘泥塑佛头像。该佛头像高36、正面宽24.2、侧面宽24厘米。中空。头顶为螺髻，中间有一白色肉瘤。面部方颐，双眉隆起，眉间有白毫。眼珠乌亮，为黑色釉料特制。奇特的是，佛像下眼睑上的黑色泪痕，是怎样造成的呢？传说，早年宏佛塔曾遭遇过火灾，看到被大伙肆虐的宝塔，佛像留下了伤心的眼泪。实则不然，它系高温下眼珠釉料熔化流出所致。佛鼻梁高直，双唇闭合，厚唇上墨线绘出八字胡须，下颌用墨线绘出日、月、云状纹饰。塑像月牙形眉毛，深目，与额头连成直线的高鼻，使佛像面部表情显得平淡、冷静；半闭双眼，流露出沉思内省的神态；丰腮、下巴圆润、眉如弯月、嘴唇短厚、圆而近方的脸型特征，是以当时人们公认的典型面相

彩绘泥塑佛头像

标准而塑造的，富有唐代造像遗风。

彩绘木桌：长58.5、宽40.5、高32.5厘米，1986年宁夏贺兰县拜寺口双塔出土。佛教在西夏备受尊崇，艺术为佛教所用，或染上佛教的色彩是十分自然的。迄今发现的不少西夏艺术珍品，都为佛事活动的用品。该器物就是放置祭祀供品的供桌。它用传统木工卯榫工艺制成，供桌的前后有两个看面，均用双枨、镂空雕花挡板和花牙板装饰。前看面上镂空雕花挡板用双枨隔为上、中、下三层。上层又用蜀柱分为三个正方形小框，每框内透雕折枝牡丹花纹；中层分成两个长方形小框，框内亦雕折枝牡丹花纹；下层雕刻四组云头纹饰。后看面上挡板与前看面挡板雕饰基本相同。花牙板位于桌腿外侧，透雕出如意云头纹与卷草纹。桌子通体彩绘，红漆衬底，金色线条勾勒出桌面边沿、桌腿、双枨、蜀柱、挡板和花牙板的轮廓，间施黑色和绿色。整体造型美

彩绘木桌

观大方，镂空雕刻工艺精湛，彩绘华丽而又凝重，虽历经千百年，其色泽、木质保存依旧完好，是一件难得的西夏木作工艺用品。

彩绘木雕花瓶：1对。尺寸分别为通高49、瓶高19.3、腹径7.5、底径8厘米，通高51、瓶高19.3、腹径8.3、底径8.3厘米。1986年宁夏贺兰县拜寺口双塔出土。该器物由花瓶和花束两部分组成。花瓶为造型、装饰、大小基本相同的一对，瓶、座连体，上部为瓶，下部为座。花瓶口呈喇叭形，颈部细长，腹部鼓圆。底上部为一圆盘，下部为覆钵形，圈足。通体以红色衬底，颈部贴金箔，腹部施金色牡丹花纹，底部以金线勾勒出莲瓣轮廓，腹与底座间的相轮边沿贴金后再用红、绿色彩绘。同时出土两束花，分别插于瓶中。它们各由一根用包裹麻纸的铁丝作主干和若干分支，以及用绢纱制作的花朵和绿叶组成。其中一束花朵用红、白两色，红花又用白色龙骨镶边。另一束的花朵采用紫花瓣、蓝花蕊，色泽艳丽，花姿优美，与花瓶构成一件完整的艺术品。整个花瓶形体匀称，线条流畅，装饰华丽，堪称西夏佛教艺术中的珍品。它既具有一般佛教艺术的内容和形式，

彩绘木雕花瓶

也表现出显著的地方和民族色彩。

《上乐金刚》唐卡：唐卡（Thang-ga）也叫唐嘎、唐喀，系藏文音译，指用彩缎装裱后悬挂供奉的宗教卷轴画。它类似于汉族地区的卷轴画，多画于布或纸上，然后用绸缎缝制装裱，上端横轴有细绳便于悬挂，下轴两端饰有精美轴头，画面上覆有薄丝绢及双条彩带。唐卡是藏族文化中一种独具特色的绘画艺术形式。在内容上多为西藏宗教、历史、文化艺术和科学技术等；绘制极为复杂，用料极其考究，颜料全为天然矿植物原料，色泽艳丽，经久不褪，具有浓郁的雪域风格。其构图严谨、均衡、丰满、多变，画法主要以工笔重彩与白描为主。这幅唐卡，通长85.5、轴宽53.2厘米，1986年宁夏贺兰县拜寺口双塔出土。画面用深绿色绸缎装裱。顶端装竹质扁细轴，外裹绿色绸缎，下轴杆绘描金图案，两端装有工艺精湛的塔式轴头。画面分上、中、下三部分，中间部分绘上乐金刚双身像，金刚全身裸露，头戴骷髅冠，面部和身躯呈蓝色，双目圆睁，直鼻大耳，左手握金刚铃，右手握金刚杵，双腿弓立，双脚各踩一仰伏状魔。金刚身挂50个骷髅，胯下

《上乐金刚》唐卡

围虎皮，佩戴项圈、臂钏、手镯、脚镯等饰件，有头光，身后有红色马蹄形身光，内圈绘金色火焰纹，外圈以浅蓝色衬底，绘有佛本生故事人物及鹿、玉兔和花草图案。画面中的明妃亦头戴骷髅冠，颈部佩戴骷髅串珠，饰瓔珞、臂钏和腕镯，全身裸露，面部和身躯呈红色，面向金刚，左臂搂抱金刚脖颈，右手上举执双叉勾刀。左腿圆润，与金刚右腿并齐，右腿弯曲盘绕在主尊腰际。仰伏两魔下面为仰覆莲花台。主尊上方横置五个小框，每框内均绘有一尊上乐金刚双身像，是主尊的五种化身。主尊下方亦有五个小框，中间三个框内各绘一尊护法金刚，左右两侧小框内各绘一尊祖师像。该

《上乐金刚》唐卡（局部）

唐卡构图对称紧凑，线描细致有力，敷色浓艳，对比强烈，体现了藏密绘画艺术鲜明的风格特征。这种构图、运色、造型等皆见于12世纪前后的西藏唐卡中。同时出土的还有彩绘绢质《上师图》唐卡。这两幅唐卡的发现，是藏传佛教盛行于西夏后期并对西夏晚期佛教发展有深刻影响的历史见证。

西夏文《大方广佛华严经》：1917年，在离西夏首都中兴府不远的宁夏灵武发现了一批西夏文佛经，其中数量最多的是西夏文《大方广佛华严经》，经辗转传藏，现分别保存在国家图书馆、宁夏以及日本京都大学等处。宁夏博物馆藏的这本华严经，长31.7、宽12、厚1.9厘米。该文物通体呈长方形，封面为黄色，上下边缘有修复的痕迹。西夏文楷书，文字工整秀丽，油墨均匀干净。经折装，上下单栏框，木活字印刷。它们属于什么时代，目前学术界尚有争议，著名学者王静如断定为元刊本。而这类西夏文《大方广佛华严经》无论是属于西夏时期，还是属于元代，其所具备的特点，都证实它们为早期的活字版本。它们不仅成为研究活字印刷技术，而且是研究西夏文字、西夏佛教的重要实物资料。

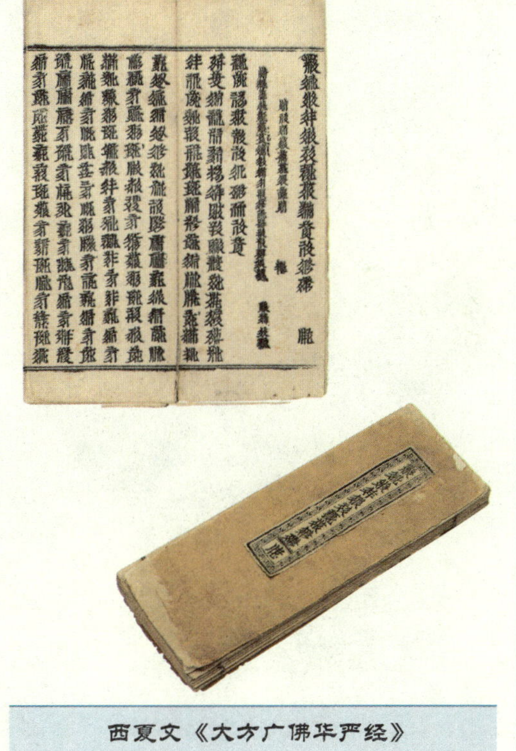

西夏文《大方广佛华严经》

红陶五角花冠迦陵频迦：高38.8、宽30.5、长27.5厘米。2001年宁夏银川西夏陵区3号陵出土。红陶质。人首鸟身。戴五角花冠，头顶束三分式发髻，宝缯垂于肩前；长方脸，脸颊肥腴，隆眉上有阴刻弧线，细长眼，额心有白毫，上眼睑下垂呈俯视状，鼻准高，方嘴厚唇，大耳下垂，戴双环镶花项圈，平胸，双手合十于胸前，手镯无花饰；双翅展开，长尾高翘，双腿连爪跪骑于帖塑双线卷云纹的长方形座上。

红陶五角花冠迦陵频迦

在宋人所著的《营造法式》中，有关于作为建筑脊式的迦陵频迦的记载，不过，其称谓是“嫔迦”，但目前尚未有实物发现，只说明宋代存在有这一建筑构件。2001年在西夏陵区所发现的迦陵频迦，是以建筑构件的形式存在的，具有装饰效用，这一发现尚属首次。同时，也说明了迦陵频迦的流行，不仅主要集中在唐、辽两朝，还包括西夏。这就大大丰富了中国佛教艺术的内容，为研究佛教在西夏的发展提供了有力的实物佐证。

石雕力士志文支座：圆雕，白砂石质，近似正方体。长68、宽65、高62厘米，1974年宁夏银川西夏陵区6号陵出土。男性人像，面部浑圆，颧骨高突，粗眉上翘，双目圆睁且外突，鼻梁短粗，獠牙外露，下颚置于胸前，裸体，腹有肚兜，肩于头齐，肘部后屈，双手托膝，下肢屈跪，背部平直。座顶左上角阴刻西夏文3行，计15个字。第一行4字汉译为“小虫旷负”；第二行4字；第三行7字汉译为“瞻行通雕写流行”。背部阴刻汉文一行6字“砌垒匠高世昌”，为西夏石雕工匠的姓名，弥足珍贵。雕像以夸张的手法表现了负重者的神态，反映出西夏时期石雕艺术的独特风格。迄今在西夏陵区多座帝陵的碑亭遗址中，已出土这类支座11件，但刻有西夏文字的仅此一件。

石雕力士志文支座

至于支座的用途，根据其放置在碑亭中心的位置，汉译为“志文支座”的西夏刻文和周围发现大量石碑残片，以及西夏陵一号陵所发现的支座顶面有方形榫眼等发掘资料，认为它是碑座；有人根据西夏陵碑亭遗址上发现的碎砖瓦及八号陵所出土的支座顶面无榫眼等发掘资料，断定支座是立木石础。西夏时期支座究竟做何用途，尚待进一步的研究考证。

雕龙栏柱：残高123、边长33厘米。灰白色石质。通体分为三部分，柱头、柱

雕龙栏柱

身、柱座。柱头，残存下半部，为一束腰莲花座，座上蹲狮仅存一足。柱身，与柱头连为一体，呈圆角方形，三面雕刻有缠柱的云龙浮雕图案，二龙戏珠，云气缭绕，造型生动，栩栩如生。柱身另一面平素无纹，上下各有一长6.5、宽5.5厘米的长方形榫孔，可与横栏套合。柱身下端平脚，柱座已不存在。整件器物造型生动，技艺精湛，是西夏建筑构件中一件十分珍贵的石雕艺术品。由图案题材可知，当时中原文化对西夏文化的影响与渗透。

六、记录红军长征、西征和陕甘宁边区波澜壮阔史实——宁夏近现代文物

宁夏虽地处西北边陲，却是马列主义传播和党组织建立较早的地区之一。从早期中共宁夏党组织的建立及其活动，红军长征、西征路过宁夏，盐池县成为陕甘宁边区直至宁夏解放，宁夏回汉各族人民在中国共产党的领导下，留下了光辉的历史足迹和许多可歌可泣的感人故事，涌现出了诸如西吉、同心、盐池等许多红色革命根据地，为我们留下了许多珍贵遗物。馆藏的一双双草鞋，一份份文件，一面面红旗，一盏盏油灯，无不重说着革命的艰辛，诠释着革命的真谛，传播着革命的火种。

中共宁夏特别支部第一任书记李临铭用过的物品： 1926年9月，李临铭到冯玉祥部设在兰州的军事政治学校学习，途经银川时与国民军中的中共党员共同创建了中共宁夏特别支部，任特别支部书记。该组织的建立，标志着我党在宁夏地区有组织进行革命活动的开始。在李临铭的带动组织下，宁夏特支在军政机关、学校等地建立了“列宁室”、“中山俱乐部”，悬挂列宁和孙中山像，陈列各种进步书刊供群众阅读。宁夏特别支部还充分利用节日、纪念日或重大事件，组织群众集会、游行，激励广大群众的反帝爱国热情。在中共特别支部的组织领导下，先后建立了工会、农会、商会、学生联合会等群众团体，这些群众组织开展革命

李临铭革命活动中用过的物品

活动，大大提高了人民群众的觉悟。1927年9月，国民党开始在宁夏地区进行“清党”活动，中共党员被驱逐，各群众团体被解散，《中山日报》被查封。特别支部书记李临铭等陕西籍同志离开宁夏返回陕北定边，大革命时期在宁夏发展的共产党员与党组织也失去了联系，中共宁夏特别支部的活动由此终止。从李临铭用过的墨盒、皮包和行医的部分物品，不难看出共产党人在革命初创时期的艰难困苦。

中共宁夏第一个特别支部虽然只存在了一年多时间，但它在宁夏传播了马列主义，播下了革命火种，从此揭开了中国共产党领导宁夏各族人民进行革命斗争的序幕。

中央红军长征在宁夏留下的海螺号：该器物长27.5厘米，通体呈白色，表面有带状螺旋纹，螺口有一用于携带的穿孔。宁夏海原县黄秀珍于1974年捐赠时说，这件文物是中央红军长征经过宁夏时留下的。1935年期间，中国工农红军红二十五军和中央红军，经过长途跋涉，先后到达宁夏的六盘山地区。红军在宁夏把党的革命理论、抗日主张和民族宗教政策播种在回汉各族人民的心里，加强了民族间的团结，在宁夏产生了重要而深远的影响。

中央红军的海螺号

西征红军在宁夏留下的桦树皮饭盒：1936年，木质。宁夏盐池周金海捐赠。高22、口径17厘米。通体为黄褐色，圆柱体，椭圆形面，木盖上有铁栓和栓绳。外体表面有三道带状木条箍，两侧有提绳。

西征军的桦树皮饭盒

汽灯

西征红军在宁夏用过的汽灯：1936年，铁质。通体黑色，上下三层，中间有一突出的扁圆体。基本完整。

西征红军在宁夏留下的革命标语：1936年，白石灰墙皮，从红军居住过的固原祁家堡子揭取。2000年经国家文物局专家组鉴定为一级文物的共9件。分别墨书："联红抗日"、"不交租不交粮打土豪分田地牛马衣服分给农民"、"停止内战一致抗日"、"红军是人民的军队"、"红军是抗日的先锋军"、"只有苏维埃才能救中国"等内容。

宁夏是西征红军的主要活动场所，红军指战员在半年的时间里，同广大回汉人民亲密相处，宣传党的抗日救国主张和革命道理，深入细致地进行大量思想教育和组织工作，并且建立了5个中共县委和4个苏维埃政权，积极组织发动群众，把宁夏人民革命推向了更新的阶段。这些革命标语就是当时革命活动的真实

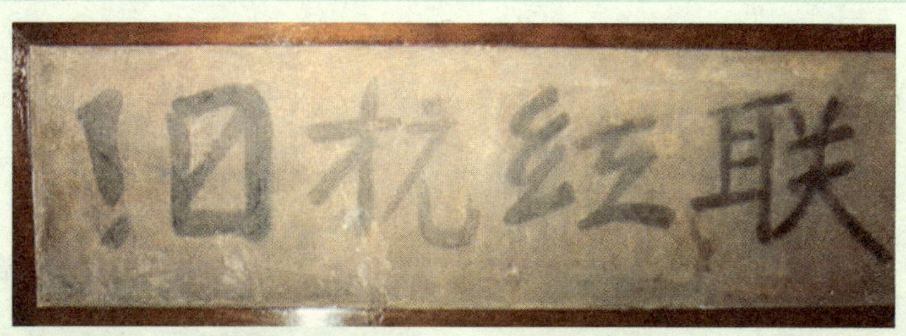
联紅抗日！

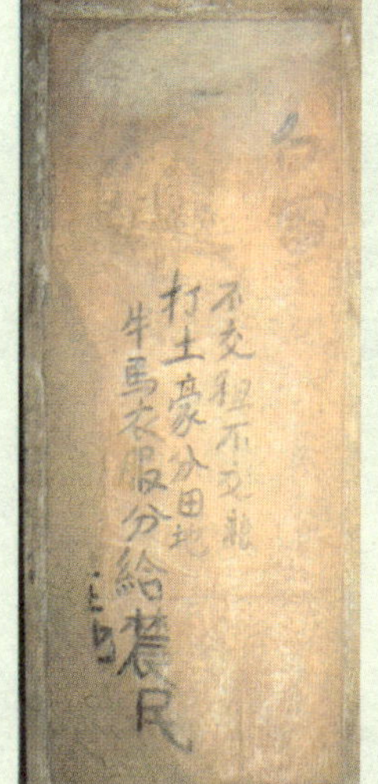
不交租不交税
打土豪分田地
牛馬衣服分給農民

停止内戰
一致抗日

只有蘇維埃
能救中國！

紅軍是抗日的先鋒軍

紅軍是人民的軍隊

标语

反映。

西征红军赠予回族大教主“爱民如天”锦旗：这是红军西征时红十五军团敌工部长唐天际亲笔书写赠回族教主洪寿林的锦幛。缎质。长250、宽142厘米。红色，长方形，毛笔书写。上款：寿林回族大教主法正；中间：爱民如天；下款：汉族同胞程宗受 唐天际敬赠。1936年红军西征时，红十五军团进驻宁夏同心城，在做好上层宗教人士的统战工作，宣传党的民族政策方面，得到了当时在回族群众中享有很高威信的洪寿林教主的倾力支持和信任。洪寿林教主爱民爱国、深明大义，坚决拥护共产党，支援抗日红军。红军为表彰这位杰出的回族大教主，给他赠送了这幅书写着“爱民如天”四个大字的巨幅锦幛，以资谢忱。“爱民如天”这四个字是红军对洪寿林为人和品德的赞誉，也是对他人生的写照。洪寿林教主也特备了两箱蜡烛，送给红军，寓意“共产党和红军走到哪里就给哪里带来光明”。洪寿林临终前嘱咐儿子：“家里有很多匾幛字画，都不重要，唯红军送的这幅锦幛是无价之宝，要像爱护生命一样妥为保存。”他的儿子遵父遗训，将锦幛用蜡纸包裹后，藏在洪寿林“静房”的墙壁里，1949年新

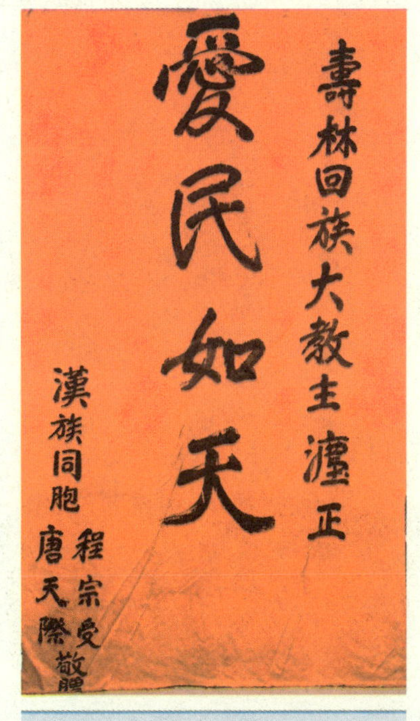

“爱民如天”锦旗

中国成立后，献给了人民政府，现由宁夏博物馆珍藏。

革命烈士毛泽民用过的铜手炉：1936年，铜质。回汉支队政委梁大均捐赠。长16、宽12.5、高7厘米。红铜制造，有28厘米的提手，盖子中间有一“寿”字形镂空花格图案。这件铜手炉是毛泽民烈士在1936年亲临宁夏盐池指导开展革命工作时用过的。

革命烈士毛泽民用过的铜手炉

红军长征经过宁夏留下的“四川省造”银币：该银币基本完整。圆形，直径3厘米，无面值，正面是光绪皇帝半身侧面像，背面周围饰以藤蔓花卉，中间有楷书“四川省造”四个字，是中国唯一有中国皇帝像的流通银币。据史料记载，“四川省造”银币发行于晚清时期。当时，清政府为了抵御印度（英占）卢比对我国西南地区的经济侵扰，仿印度卢比式样、重

银币

量、图案等制成四川卢比银元，在西南地区通用，特别是康藏地区。这种仿印度卢比铸造的银币名为“藏元”，又称“四川”、“川铸藏元”、“藏洋”、“藏币”、“川铸卢比”、“川卡”。1935年10月，中国工农红军长征经过宁夏，将途经四川与当地群众交易的藏元又留给了宁夏的回族群众。这是一枚具有双重意义的银元，它既是我国最初抵制外币、实行货币民族保护主义的一次尝试，也是红军长征经过宁夏，模范执行党的民族政策的物证。

神府特区纸币

神府特区抗日人民革命委员会银行流通券五角：该流通券为长方形。用双层细麻纸粘在一起，并经压平打光处理。朱色油墨印制，券面长13.5、宽7.5厘米。正面上方印有“神府特区抗日人民革命委员会银行”字样。中心为一麦穗图案。“五角”两字分别印在麦穗图案两边对称的花卉图案中。麦穗图案下方有“公历一九三六年印”的字样。四角花瓣图案中间分别印有“伍”字。这种纸币比较少见，又具有很高的历史文物价值。2000年8月，经国家文物局专家组鉴定为一级文物。

新编抗日三字经：抗日战争。纸质，长21.2、宽14厘米。长方形，石印，14页。内容是抗日卫国的口歌，并有“益兴诚印”。

陕甘宁边区土地所有权证：1938年。纸质，长23.2、宽17.5厘米。长方

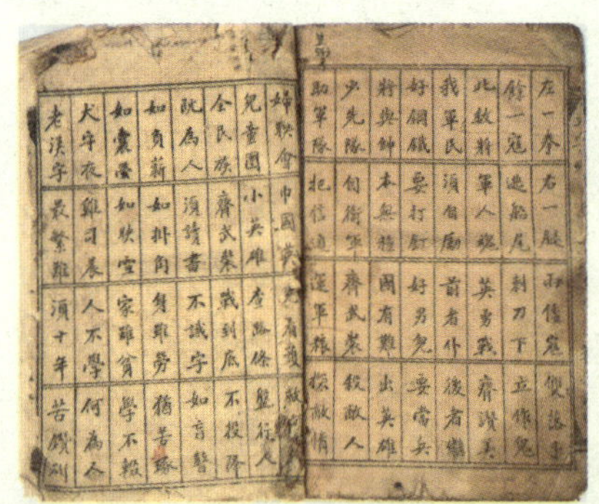
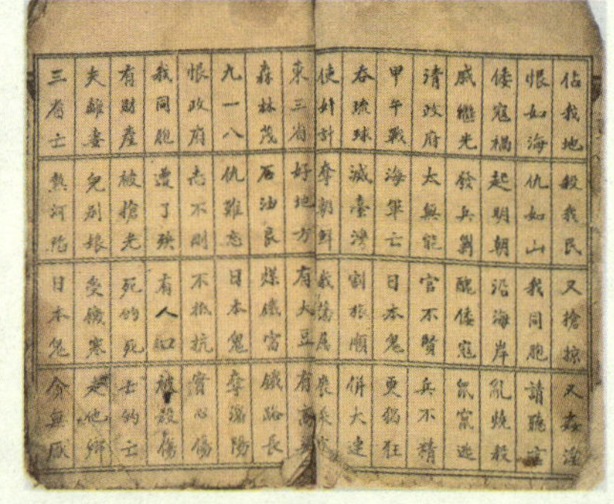
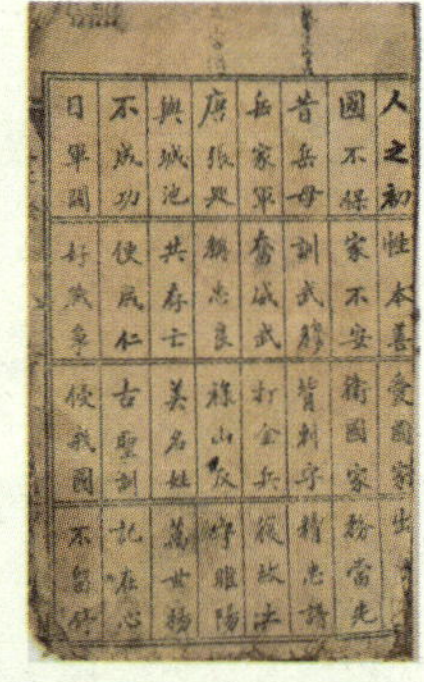

新编抗日三字经

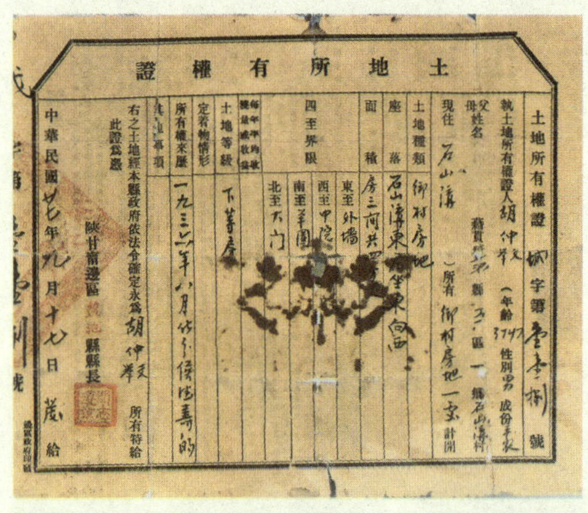
土地所有權證

土地所有權證 字第 號

執土地所有權證人 胡仲文

土地種類 座落 面積 四至界限

中華民國 年 月 日

陝甘甯邊區 縣縣長

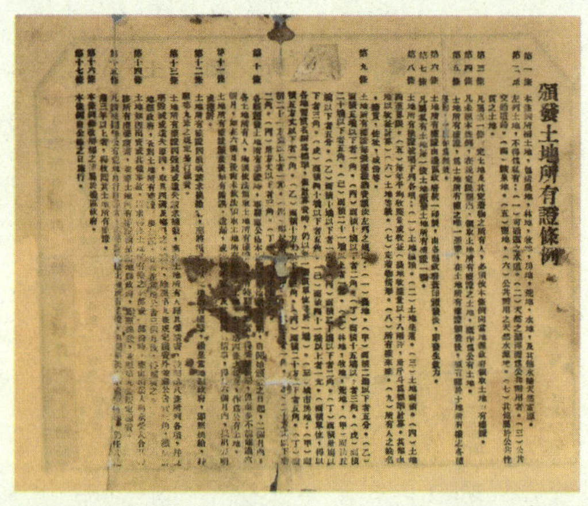
頒發土地所有證條例

陕甘宁边区土地所有权证

形，铅字印刷，正反面均有字。正面内容有“土地所有人，土地种类、面积等，阎志遵章，边区政府印发和城字第壹壹捌号”等内容；背面有颁发土地所有证条例。

革命烈士马文良用过的油灯：口径11、支座高31、小碗高6.5厘米。分上下两部分，上为一小碗并有一把手。下为支座，分为托、小盘和圈足三段。这个铁

马文良用过的油灯

质的油灯，虽很残破，但它是宁夏民主革命时期最著名的革命英烈之一——马文良烈士用过的。马文良曾任回民巡视团中央特支书记兼团长。1941年被国民党地方反动军阀马鸿逵逮捕，把他和崔景岳、孟长有烈士拉到了宁夏银川城隍庙事先挖好的大坑边残酷杀害。他是中国共产党的优秀党员，回族人民的好儿子。

原回民骑兵团团长马思义用过的手枪：1946年，铁质。长29、宽14.5厘米。枪体表面光滑，柄为木质，柄下部有一口环，惜枪栓已缺。枪体上刻有“WAFFENFABRIK MAUSER OBERNDORF A NECKAR”。2000年8月经国家文物局专家组鉴定为一级文物。

这支枪的使用者马思义，回族，宁夏回族自治区西吉县人，1940年组织了西吉县沙沟回族的第三次起义，起义失利后带领200余人投奔陕、甘、宁边区参加革命，1946年加入中国共产党，曾任陇东回民骑兵团团长。抗日战争胜利后，历任甘肃省定西军分区副司令员、平凉军分区副司令员、中共西海固回族自治州党委第二书记、第一副州长、军分区司令员。解放战争期间，他参与和指挥回民骑兵团解放镇原、隆德、西吉、静宁等县，为宁夏的革命解放事业作出了贡献。1955年被国防部授予大校军衔，是中央民族事务委员会委

马思义用过的手枪

员、中国回民文化协会委员。1958年宁夏回族自治区成立后，任宁夏军区副司令员、宁夏政协第一届副主席。

陕甘宁边区土地所有权登记证：1947年。纸质，长24.5、宽24厘米。长方形，铅字印刷，毛笔书写。内容有业主姓名、土地所在地、坐落、种类、等级、面积、土地来历、附着物等等。此为“韩占保的登记证”。

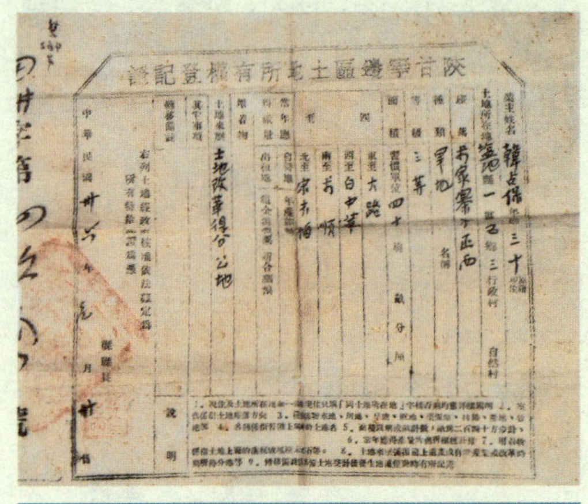
陕甘宁边区土地所有权登记证

陕甘宁边区土地所有权登记证

陕甘宁边区政府教育厅关于“没有共产党就没有中国”歌词修改决定的通知：1948年。纸质，长27、宽13厘米。长方形，油印。内容是关于“没有共产党就没有中国”歌词修改的决定。有“陕甘宁边区教育厅”印和“档案号码38”字样。

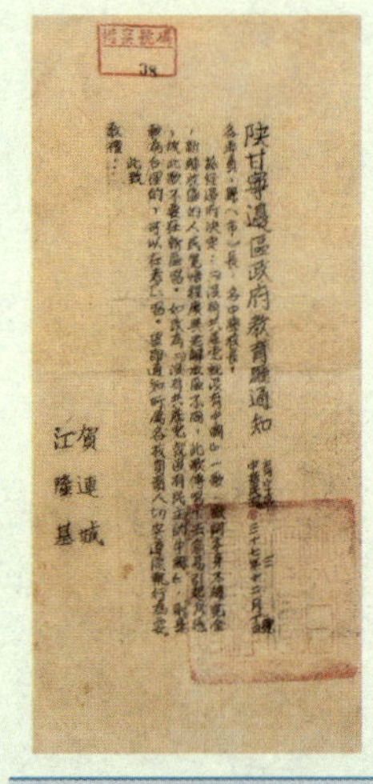
陕甘宁边区政府教育厅通知

贺连城

江隆基

歌词修改决定的通知

中国人民解放军第十九兵团同国民党第八十一军和平解决协定：1949年4月21日，毛泽东主席和朱德总司令发出向全国进军的命令。随后，中国人民解放军各路大军向中南、西北、西南等地大举进攻。处在风雨飘摇中的蒋介石集团，在失败面前做垂死挣扎，企图保住西北，屏障西南，伺机卷土重来。中共中央和毛泽东主席根据当时的局势，指出用和平方式解决西北问题的可能性。在各方的共同努力下，在中国人民

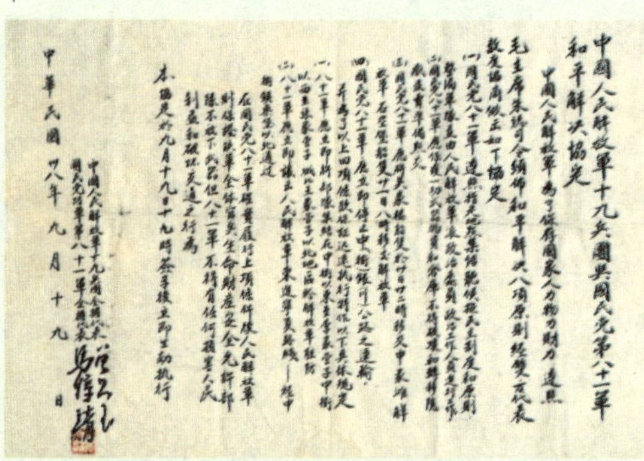
中國人民解放軍十九兵團與國民党第八十一軍和平解決協定

中華民國卅八年九月十九日

和平解决协定

解放军代表建议下，1949年9月19日19时，曾思玉军长以中国人民解放军十九兵团全权代表、马惇靖以国民党陆军第八十一军全权代表身份，分别在《中国人民解放军十九兵团与国民党第八十一军和平解决协定》上签了字，于是就产生了今天这件宝贵的文物。纸质，长54.5、宽39.5厘米。长方形，毛笔书写。内容是“中国人民解放军十九兵团与国民党第八十一军和平解决协定”，日期为“1949年9月19日”。末尾有曾思玉、马惇靖的签名，并有马惇靖的印章。协定主要内容是：（一）国民党八十一军遵照指定地点集结，听候按民主制度和原则整编军队，并由人民解放军派政治委员、政治工作人员进行工作。（二）国民党八十一军应保护一切武器、物资和仓库，不得破坏和转移、隐藏、盗卖，准备点交。（三）国民党八十一军应将莫家楼船只于20日22时移交申家滩解放军，石空堡船只21日8时移交解放军。（四）国民党八十一军应立即停止中（卫）、银（川）公路之运输。这个协定的签署，为和平解放宁夏迈出了成功的一步。

第18集团军臂章：布质。长8.8、宽6.5厘米。长方形，白色蓝字。正面为“18GA　中华民国三十五年度佩用”；背面为“部别 回族骑兵连”、“职别”、“姓名 马思恭”、“编号 第27号”。

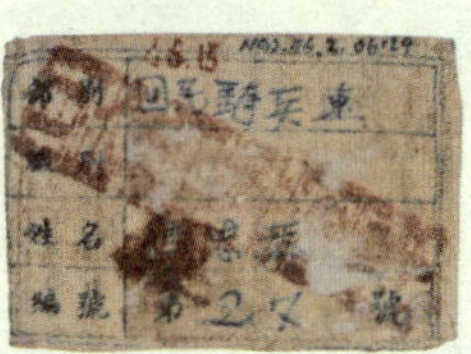

第18集团军臂章

宁夏省人民政府印：1949年9月23日，在中华人民共和国成立的前夕，经过回汉各族人民的共同奋战，宁夏获得解放。11月初，宁夏省人民政府成立。这枚铜印，长7、宽7、高12厘米，正方形印面圆柱形印把，长方体印座。正面阳刻楷书“宁夏省人民政府印”，背面阴刻“第陆贰号”　“一九四九年十二月　　日”。从印文可以推断，这枚印标志着宁夏人民政府权力的庄严行使。

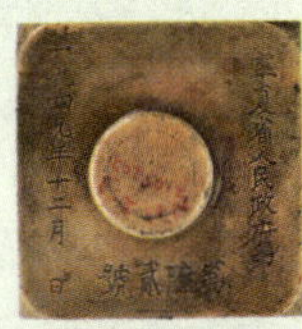

宁夏省人民政府印

海原县群众赠给回民骑兵团的“剿匪功高”锦旗：1951年，布质。长129、宽208厘米。长方形，红布底绣白字。上款是“敬献甘肃军区回民骑兵团纪念”；中间是“剿匪功高”；下款是“海原县城关区工农商会全体群众赠”。1941年7月回民骑兵团组成时，命名为“陕甘宁边区联防司令部回民抗日骑兵团”，马思义任团长，杨静仁任政治教官。这是中国共产党领导的西北第一支回民武装力量。1945年改名为“陇东回民骑兵团”，尔后，配合西北战局，出击陇东；参加陕甘宁边区保卫战；加入战略反攻行列，先后解放镇原、隆德、静宁、西吉等县，屡立战功。新中国成立后，改称“甘肃省军区回民骑兵团”，1953年8月以团部为基础组建西海固军分区，建制撤销。

“剿匪功高”锦旗

七、展现宁夏回族宗教文化习俗——回族文物

回族有着悠久的历史和灿烂的文化，是中华民族大家庭中的一员，为繁荣我们伟大的祖国、缔造多元一体的中华文明作出了自己的贡献。宁夏早在唐、宋时，就是“丝绸之路”的途径地区，其间来华的传教士、商人、使节以及远征军士留居者，成为宁夏回族的先祖。明初以来，不断有大批回回人以归附士达的身份被安置在宁夏的固原、灵武一带，后逐渐遍布宁夏各地，形成了“大分散，小集中”的格局。1958年10月25日，宁夏回族自治区成立，成为全国五个少数民族省级自治地方之一，是全国最大的回族聚居区域。回族与宁夏这块土地水乳交融，密不可分，世代居住在这里的回族人民，以伊斯兰文化为主流，吸收融合了汉族及其他民族文化的精华，用他们的智慧和汗水创造了具有宁夏特色的回族文化，成为中华民族文化的一个重要组成部分。

阿拉伯文宣德铜香炉：宣德炉也称宣炉，因铸造及盛行于明宣宗宣德年间，人称“宣德炉”。真正意义上的宣德炉，是指宣德三年（1428年），由司礼监会同工部初次铸造出的3365件（或说5000余件）仿古青铜器。宣德炉做工细，造型美，耗材贵，可谓历代铜品之最。其装饰高贵朴素，炉身标致丰腴，足耳恰到好处，款字正规考究。但历经几百年的世事变迁，宣德炉真品传世的数量已很少了，而像宁

阿拉伯文宣德铜香炉

夏博物馆这件以阿拉伯文为装饰图案、流传至今的宣德炉，更是罕有。该炉是洪维宗先生捐赠，为国家一级文物。高25.5、口径31.4、腹径35.8厘米，侈口，矮颈，扁鼓腹，口沿附双把环手，底部以矮小的三足支撑整个炉身。外腹壁两大两小四组开光内阳刻有阿拉伯文字。其中一幅画面中的阿文译为："你说，他是真主，是独一的主；真主是万物所仰赖的；他没有生产，也没有被生产；没有任何物可以做他的匹敌。"（见《古兰经》第一二二章）底款汉文篆书"宣德年制"。阿拉伯文构成此炉的主体图案，雕刻手法精细、娴熟，线条婉转流畅，自然雅致，具有韵律之美感。这件铜香炉，铜质精良，造型优美，工艺考究，是一件将冶铸技术与阿拉伯书法巧妙融合的艺术精品，是民族文化融合的产物，堪称宁夏回族文物中的珍宝。

银熏炉：馆藏两件。高67、腹径34、宽50厘米，清代，征集。整体造型非常独特，上部形似葫芦瓶，瓶顶有一头站立的大象，象背驮一小瓶；下部呈圆鼎状，整个器身由三个兽形足支撑。熏炉两侧附有对称的螭龙状的耳饰。其工艺亦十分高超、精细，融铸造、焊接、抛光、镂空、错银等多种工艺于一体，可能是当时宫廷赏赐给回族上层人物的用品。

银熏炉

袖珍《古兰经》：1959年5月，宁夏银川市建筑公司在新城区原马鸿逵兵营废墟内施工时，发现了这部纵1.9、横1.4、厚1厘米，重1.1克的袖珍本《古兰经》。出土时，该书放置于一个精美的铜盒内，书的封面为紫红色牛皮纸，扉页上印有埃及国徽，并印有阿拉伯文，译为“这是尊贵的古兰经，只有内清外洁的人才可以抚摸，穆历1312年”等字，书为优质白纸印制，字迹极为清晰。1996年经专家鉴定，认为是1892年（清光绪十八年，伊斯兰教历1312年）阿拉伯国家的印刷版本，被专家鉴定确认为国家一级文物，也是目前世界上现存体积最小的《古兰经》。其体形虽小，但装帧精美，历经沧桑岁月，依然保存得完好无损。书页篇幅虽小，阿拉伯文字却密密匝匝、排列有序，没有任何涂抹的痕迹，印刷得非常清晰，不用放大镜也能看清楚内容。书页薄如蝉翼，用手感觉不出它的厚度。这本伊斯兰经典的发现，对于研究阿拉伯文化，认识宁夏回族文化，了解早期中外穆斯林的交往以及微型印刷术均有重要的意义，具有十分珍贵的收藏价值和研究价值。

袖珍《古兰经》：近现代。纵2.8、横1.7、厚1.5厘米。封面装帧为绿色软

袖珍《古兰经》

袖珍《古兰经》

牛皮纸，扉页边缘印有花纹，内页纸质薄而坚韧，每页正面边上印有流行的伊斯兰风格花纹图案，经文用两条细边框住。书写工整，笔法细腻，字迹清晰。阿拉伯文印制，末页印有年代为公元1909年。2000年8月，经国家文物局专家组鉴定为一级文物。

手抄墨书《古兰经》：清代。长38、宽30厘米。封面用蓝布包皮，全文墨书阿拉伯文，有红色的圈点，扉页上印有描金花纹。

手抄墨书《古兰经》

太斯比哈："太斯比哈"（tasbih）是阿拉伯语，原意是指念诵赞词"赞主圣

太斯比哈

洁"（subhanallah）。后来，苏非派穆斯林把"念珠"引入念诵赞主词等宗教仪式中，"太斯比哈"一词因而被用来指代"念珠"。在伊斯兰教中，安拉除本名外尚有体现其德性的99个尊名，穆斯林在礼拜结束前要连续诵念赞主词99遍。使用太斯比哈既可以解决记数的问题，又可以

帮助礼拜者专心诵念赞词。“太斯比哈”通常以33颗或99颗为一串，礼拜者在诵念赞词的同时用右手掐捻“太斯比哈”，如果是99颗一串的“太斯比哈”只掐捻一遍，而33颗一串的则要连续掐捻三遍。“太斯比哈”有用玉石、玛瑙、琥珀、象牙等精制成的，也有用角骨、皮革、塑料、玻璃、椰枣核等制成的，是虔诚的穆斯林常用的宗教器物。其中一件直径1.2厘米，长70厘米，椰枣核质地，共99颗，近代；另一件黄料珠质地，直径0.6厘米，长28厘米，共33颗，近代。

襄板子：长34～37、宽6.5～17厘米，骨制，近代。由于牛肩胛骨具有面积大、书写文字多，且不易磨损等特点，古人就有在骨板上书写、记事的传统。受此启发，在中国经堂教育的初级阶段，阿訇用牛骨板书写阿拉伯字母、经文来教授满拉识字和习经，这些牛骨板被称为襄板子。这两块襄板子上，下面一块写有28个阿拉伯文字母，上面一块有手写的阿拉伯文《古兰经》开端章。一般用于学习经文的襄板子是用穆斯林过三大节日时宰牲的牛肩胛骨，以示对《古兰经》的崇敬。

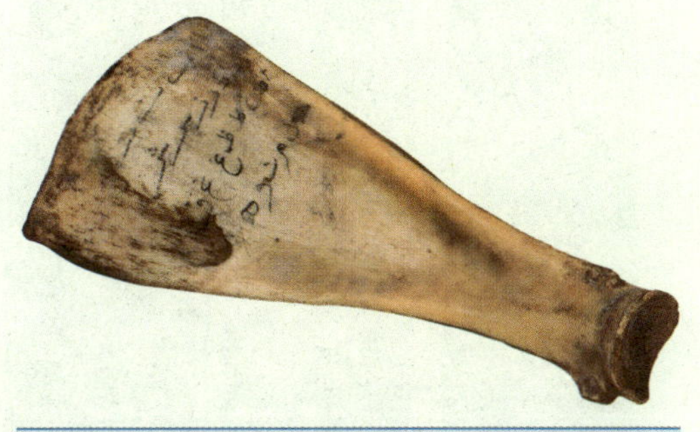

襄板子

阿文六条屏：单幅长208、宽52厘米，底为深藏蓝色锦缎，由金粉、香料、水银等调和为泥金，从右至左书写，一气呵成。这副作品时代应为明代回族大发展时期，作者也应是一位虔诚且阿文书法造诣很深的穆斯林。整幅作品庄严俊美，既是一件不可多得的阿文书法珍品，也是民族文化交流的重要物证。

阿文六条屏

穆罕默德在伊斯兰教创始之时，就选择了阿拉伯文作为其传播教义的工具。伊斯兰教禁止偶像崇拜，所以阿拉伯书法作为一种文字形式在作为传教的重要载体时，也包含着很深的宗教情怀。对于伊斯兰教信徒来说，阿拉伯书法所蕴涵的美，可使心灵得到净化，精神得到升华。

阿文双耳四棱铜方瓶：高23厘米，近代，征集。方形唇口，双耳，细长颈，四棱鼓腹，收至方形，再接四面梯形方底座。

阿文双耳四棱铜方瓶

半环形双耳附于颈上部对称的两面，其上饰云纹。颈上部饰一周花卉纹，其上下各围有两道弦纹。腹部四面的桃形开光内刻有阿拉伯文字。这件方瓶器形端庄，装饰典雅，工艺考究，是一件较好的回族用品。

阿文经字画：无论在回族清真寺的殿堂门楣上，或是回族人家屋内、清真饭店的墙上，只要你稍加留意，就会看到张贴或悬挂在壁间的阿拉伯文书法作品，回族人称之为“经文”或“经字画”。这些中国体阿文书法作品，在书写技巧上集阿拉伯书法与伊斯兰装饰于一体，并吸收了汉字书法的布局、格式、间架、笔法、墨迹、印章等特点，显现出了它独特的艺术效果。书写与组编丰富多彩，每个字、每个词、每句话都被创作者精心设计和构思，字的组合、排列及整体造型和笔画的粗细、长短、曲直、运笔的轻重缓急，配合得非常得体，自然浑成，使笔墨浓淡不一，飞白相间，表现出与汉字书法艺术相类似的风格。在形式上，又以汉字书法常用的中堂、横幅、匾额、对联、四扇屏等予以表现。书写的内容大都是《古兰经》和圣训中的警句、格言，或是伊斯兰教有关行善止恶、扶危济困之类的话语。有一句话为一幅的，也有几句话为一幅的。对联的内容也往往是对称的，或是完整的两句名言。排列的顺序或从右至左，

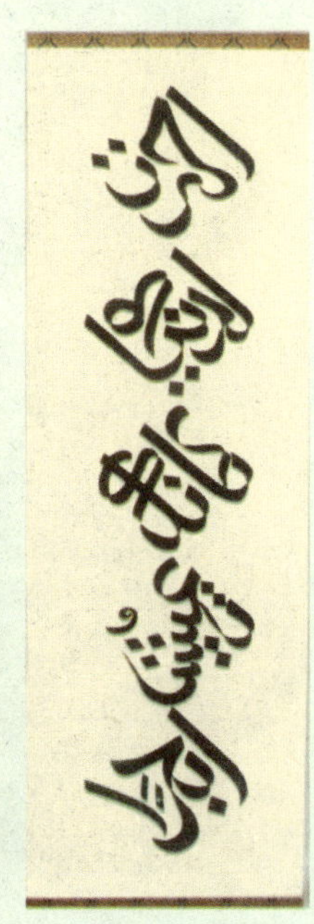

阿文中堂

或自上而下。有的用竖写方式草书阿拉伯文，有的用阿拉伯文组成汉字或各种花卉图案，充分体现出中阿合璧的艺术特点。书写经字画的笔不是毛笔，都用硬笔，主要是草茎笔、麻秆笔、竹条笔、木板笔等，一般都是书写者就地取材，自己制成。经字画在中国穆斯林中广为流传，备受推崇，它不仅可在清真寺的殿堂门楣上作匾制幅，点缀庭栏，而且作为家庭装饰和伊斯兰标志，深受广大穆斯林群众的喜爱。经字画的出现，是中国穆斯林刻苦钻研、勇于探索的艺术结晶，是中国书法艺术的一个组成部分，是伊斯兰文化的标志之一。

丰富的展陈

陈列展示是体现博物馆文化价值和功能的基本方式，是博物馆与社会、公众联系的重要渠道。

一、基本陈列

经过专家论证会和听证会，宁夏博物馆基本陈列内容设计方案几易其稿，将全部展陈分成通史篇、专题篇和临展篇3大版块12个展览，互为补充，交相辉映。分别从主题、时间、空间、内容、形式、手段及服务对象6大要素入手，以全区文物藏品为基础，结合最新研究成果，特色鲜明，内容丰富，言之有物，言之成理，多层次多角度地反映了宁夏历史文化和地方特色。2007年7月12日，宁夏博物馆新馆文物陈列形式设计方案评选会召开，共

通史序厅

邀请区内外相关行业的十余位评委，在全国14家知名参选单位以暗标形式从提交的48个设计方案中，评选出入围的18套方案，并以此为依据，于当年11月30日完成了施工的招投标工作。

（一）通史篇

作为一个省级综合性博物馆，基础陈列是核心。因此，新馆文物展陈方案，首先要立足于展示自治区人文、历史发展总貌的通史陈列。在结合宁夏地方历史和馆藏重点的基础上，将宁夏自旧石器时代至清朝约三万年的历史分成5个阶段，以5个章节组成一个大的通史展览。

《朔色长天——宁夏通史陈列》通过《文明曙光》、《农牧家园》、《丝路重镇》、《大夏寻踪》、《塞北江南》5个章节，结合丰富的历史典藏和最新研究成果，把宁夏自远古至今三万年间形成的渔猎文化、畜牧文化、农耕文化、丝路文化、西夏文化、伊斯兰文化等具有鲜明地域和民族特色的多元文化，全面、真实、鲜活地展示在3000多平方米的空间内。在展览的空间展示形式上，以纵横交织的大写意手法，定位宁夏在中国漫漫历史长卷中的坐标，提炼宁夏独特的历史文化，用独具地域特征的形式语言来表现内容精神，让观众在个体展现与民族情感的融合中体会一次历史的沉淀与反思，从而更加直观、真实、生动地再现源远流长、博大精深的中华历史文化中，宁夏所有的广大的文化空间。整体空间呈现着一种热烈、奔放、豪迈、大气的形式语言，最大限度地强化了陈列的节奏感和韵律感。简洁大气的构成元素让层次丰富的整体展示一气呵成。总体风格古朴、粗犷、厚重、率真，强烈地烘托出远古的苍凉、游牧的艰辛、丝路的神秘、西夏的辉煌和宁夏回族的形成发展历史，使观众在观看展览时，油然生出庄严、神圣、崇敬、自豪的情感。

第一章:《文明曙光》。该章节主要展现旧石器、新石器时代的历史,突出表现远古时期宁夏南北两地不同的生产和生活方式,以实物证明宁夏亦为中华文明最早的发源地之一。

文明曙光

第二章:《农牧家园》。该章节主要展现自西周、春秋到秦汉的历史,表现西戎、匈奴等少数民族对宁夏早期开发所做的贡献,反映宁夏历来就是多民族融合、多种文化荟萃之地。特别突出了秦汉时期移民屯垦戍边、开渠灌溉的史实,从而反映出宁夏的生产形态由牧到农的转化原因和过程。

农牧家园

第三章:《丝路重镇》。该章节主要展现北朝、隋、唐时期宁夏在丝绸之路东段北道的特殊位置。通过对原州(今宁夏固原市)和灵州(今宁夏吴忠市)这两个丝路重镇留下的重要遗存真实而全面地揭示,突出表现宁夏在东西文化交流中的重要作用。

丝路重镇

丝路重镇

第四章:《大夏寻踪》。该章节展现了宁夏最具地方和民族特色的西夏历史文化，时代自唐末至西夏灭亡。重点突出党项民族所创立的西夏文化，以及当今西夏学研究的最新成果。

大夏寻踪

第五章:《塞北江南》。作为通史展中的最后部分，其反映的历史时期为元、明、清代。内容上突出反映回族自元代开始，在宁夏形成、发展的史实。重点表现民族团结、民族融合和边疆开发的情况。

塞北江南

（二）专题篇

该版块是通史的延伸、细化和补充，也是突出地方和民族特色最为有效的途径。

第一章：《石刻史书——宁夏岩画展》，该章节展陈面积1300多平方米，以岩画的内容题材为主线，分别反映了原始先民在不同时期的所思所想，展现了

石刻史书

宁夏岩画的艺术风格，突出宁夏岩画的地域特色。设计上力图通过形式变化，深刻反映特定的历史文化氛围，赋予展示空间中的每一个物体以灵性，将色彩、材质、光线化做历史的音符，叩击观赏者的心灵，引起共鸣。将展品回归自然，用山体的磅礴气势来衬托展品原始与质朴的特殊风格。粗犷的山体、不羁的岩画，增强实地场景的真实感，在特定的自然环境中真正感受到刻在山石上岩画的深刻和不朽。岩画展厅的第一部分，以大跨度的拱形造型表现出山石、洞窟的氛围，色彩浓重，大气雄浑。在周围及身后是反映远古人类采集、狩猎、祭祀的大型模拟场景，引导人们进入远古蒙昧的时期。厚重的山体，营造一种神秘与敬畏的氛围。展品展示区两侧设计为陡峭的山崖，步行其中观赏岩画，如身临其境，真正感受“刻在石头上的生命印迹”。在神灵世界展示区，两个半圆的墙体，围合成一个圆形，形成向心力，也形成张力。在圆形的上空，闪烁着不同的岩画影像，展陈形式已完全融入心象。展览的最后部分，以大体量的交错山石，营造出震撼心灵的气势，在观看对岩画的研究与保护的同时，内心多少会感到一些苍凉，山石静卧在大地，默然无语，这种宁静的氛围，势必引发人们更多的思考。

第二章：《回乡漫步——宁夏回族民俗文物展》，该章节展陈面积1200多平方米，以宁夏回族的历史、宗教、文化、人物和生活习俗等为重点展示内容，是一

个地域特色浓郁的民俗文物展览。各个展示单元的空间组织运用了流线型空间组织和蒙太奇空间组织相混合的组织手法，力图使观众身临其境般走入回族人民的文化生活，通过生动的展示，丰富的互动节目，达到使观众对于中华回乡有一个记忆深刻、全面了解的目的。序厅的主题墙由汉白玉材料和金色伊斯兰蔓草纹饰构成，具有浓重伊斯兰建筑风格。在“回族生活习俗”单元，大量使用了体验式展示模式和蒙太奇的空间组织相结合的手法，把婚俗、节日、饮食和服饰等主要展示内容，以宁夏回族聚集区模拟街景、生活场景的形式展出。婚俗部分通过场景和硅胶仿真人组合复原了回族婚礼时阿訇给新郎念“尼卡哈”的场景；饮食和服饰部分真实场景的复原和硅胶仿真人的大量使用，使观众有了零距离接触展示内容的机会。“回族建筑”展示部分是通过回族建筑群微缩景观和砖雕复原

回乡漫步

来实现的，使观众从宏观和微观两个不同的角度，去感受回族民族建筑之美和其独特性。

第三章:《红旗漫卷——宁夏革命文物陈列》，该章节展陈面积近1200平方米，展览以专题的形式反映自辛亥革命至解放战争时期宁夏的革命历史。红色飘带是整个展览的主线。自展厅的入口开始铺陈，它翻腾、涌动出革命的浪潮、生命的力量，热情欢迎参观者的到来。展厅前言伸展到飘带之上，仿佛展示的主题就是在血与火中淬炼出的。伴随着展示内容的进一步推进，红飘带也进行了夸张、变形，贯穿展馆始终。展陈中，极具动感的红色飘带衬托着静态的雕塑，动静结合，层次丰富清晰。接近尾声的红色飘带，翻卷欢腾，表现出革命取得胜利的喜悦和高潮。在翻卷的飘带上附着了

红旗漫卷

很多动态的LED屏幕，画面不断闪动变化出腥风血雨的一幕幕，参观者穿行其间，仿佛时间流逝、时空穿梭……飘带在参观路线的尽头打了个转儿，向远方飘去，意寓革命的道路漫长而修远。结束语出现在飘带的最末端，与前言遥相呼应。展墙和展柜的形式、用色上力求与红飘带相映衬，使几种设计元素取得意态上的联系。飘带的设计做到了功能与形式的完美结合，行意合一。既有承托展品的功能，又具有一定的导向性。它回转圆润舒展的形态使本来死板的角落变得灵动、活跃，渲染了肃穆的主题空间，从而优化了视觉效果，设计风格大胆而鲜明。

第四章：《辉煌塞上——宁夏回族自治区成立50周年成就展》，该章节展陈面积约500平方米。宁夏回族自治区自1958年成立，特别是改革开放以来，在党中

辉煌塞上

央、国务院的亲切关怀下，宁夏的现代化建设事业取得了瞩目的成就，投资环境日益完善，对外开放的格局已初步形成。今日的宁夏，经济发展、社会进步、民族团结、人民安定。该展力求将规划作为主体，将具有代表意义的工、农、商、文、卫、教、体、旅、交通和城市建设等十个方面的内容突出展现，以照片、图版、模型为主，辅以多功能触摸屏、电视墙、环幕电视等多种现代化的表现手段，全方位展示50年的长足发展和取得的辉煌成就。

（三）临展篇

该版块是通史和专题的补充。

第一章：《五彩华章——馆藏历代瓷器展》，该章节展陈面积500多平方米，集中展示故宫博物院与上海博物馆在宁夏博物馆建馆之初，划拨给我馆的历朝历代的瓷器精品，以及一些馆藏的地方瓷器，展现了各个窑口基本形成序列的馆藏瓷器精品。总体设计依据陈列体系与内容构架，从整体到局部，力求空间均衡、重点突出、富于变化、参观路线顺畅。采用象征、寓意等手法，运用丰富的陈列语言建立起内容与展品间的内在联系，起到升华主题、增强艺术感染力的作用，以达到世界博物馆发展的新趋势“绿色陈列”与可持续发展的新理念，使陈列设计既具有较高的学术定位，又能以人为本，满足广大观众的审美心理，寓教于美。互动区的设置，使观众可以亲自感受制陶的乐趣，寓教于乐，从不同的渠道获得更多的知识。

五彩华章

第二章：《笔墨春秋——历代书画展》，该章节展陈面积400多平方米，主要展示了极富西北地域特色的名家作品。总体设计注重空间形态和主题内容相结合。展厅力求简洁明亮，体现出中国艺术单纯、写意、简明、清晰、幽雅的特点。空间利用不同形制的展柜相连接。利用竹林小径、碎石小路和古典家具的布陈，配以鼓瑟琴鸣，营造中国书画艺术氛围，体现中国文化的雅致风范和情怀。利用多媒体技术，把更多相关的艺术品信息以不同的方式展示给观众，增加观众的持续欣赏的兴趣，让书画作品散发新的艺术魅力。

第三章：《方圆史话——中国钱币陈列》，该章节展陈面积400平方米，主要

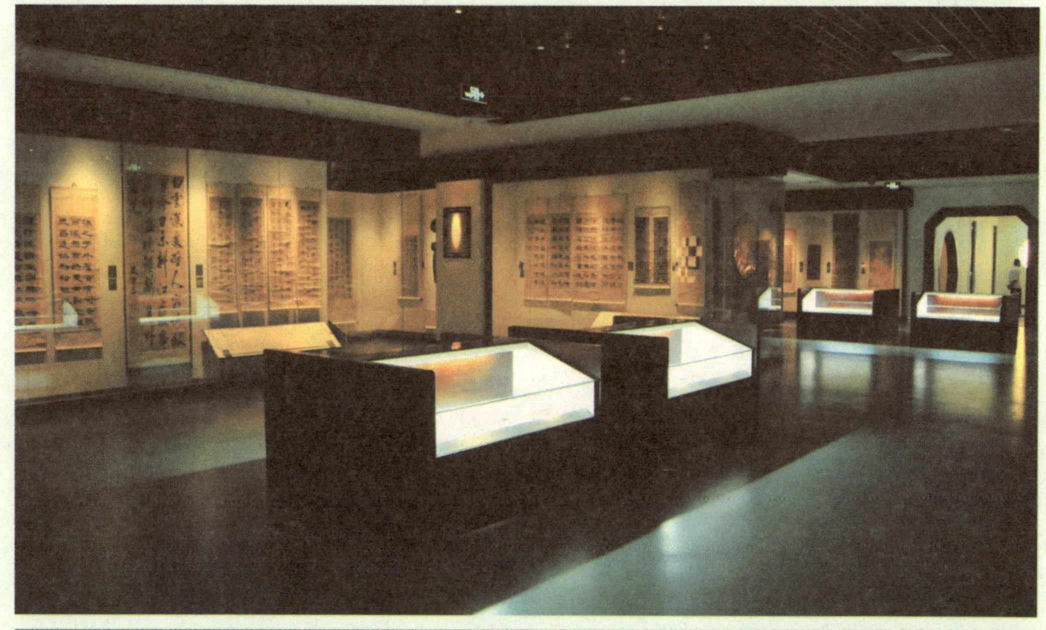

笔墨春秋

展示了馆藏及个人收藏历朝历代钱币精品。序厅设计了一个铜铸巨大的钱币造型和一堆十分具象的不同时期的小钱币组成的形象墙，配以特别的灯光照明，使形象墙变得更加醒目、有气势，给人强烈的视觉冲击力。展览布陈主要以先秦、秦汉、三国两晋南北朝、隋唐五代十国、宋辽西夏金元、明清和中国近现代钱币这7个不同发展时期为主线来完成。兼顾到展品体量较小，设计中采用了图文与实物结合展示；重点文物单独展示；在确保文物安全的基础上，将实物用到墙面的装饰和空间的隔断上展示等手法，这样可突出展品，使它们变得清晰，加深了观众的认知度，还点缀了空间。

方圆史话

二、临时展览

随着时代发展和社会进步，公众的精神文化需求水平明显提高，观众对展览的要求也日趋多元化，这对博物馆事业的发展提出了更高的要求。过去传统的陈列手法与常年不变的固定陈列内容已无法满足新的需求。为了顺应时代变化，增加博物馆的展示内容，增强博物馆的活力，提高宁夏博物馆在同行业间的知名度，把馆内基本陈列与临时展览有机结合起来，自21世纪初，在宁夏博物馆新一届班子的重视、领导和支持下，宁夏博物馆在不断的实践中探索出了一条与时俱进、新颖独特的办展思路。

历年来，宁夏博物馆先后举办的各类展览近百个。以各种形式在省内外举办的主要展览有《汉唐丝绸之路文物展》、《荒漠里的文明——宁夏古代民族文物展》、《宁夏贺兰山岩画展》、《世界岩画图片艺术展》、《大夏寻踪——西夏文物精品特展》、《红旗漫卷西风——宁夏革命文物陈列》、《百年国耻——八国联军侵华史实展》、《中国西夏王国文字世界展》、《考古宁夏 世纪新篇——配合基本建设考古发掘成果展》、《五彩华章——馆藏瓷器精品展》、《贺兰山下尘封的文明——见证西夏》、《同心红军西征纪念馆陈列》、《贺兰山下的遥远记忆——西夏文物特展》、《大漠上消逝的文明——西夏文物特展》、《中国记忆——五千年文明瑰宝展》、《宁夏岩画》、《收藏王德林书法作品答谢展》、《西部记忆——五自

大夏寻踪——西夏文物精品特展

西夏文物特展

治区（省）博物馆民族历史文物精品联展》等。特别是2002年8月隆重推出的《西夏文物精品展》，集中了宁夏、内蒙古两个自治区，自建国以来考古发掘的大量西夏文物精品，展出文物共145件（套），其中一级文物51件(其中包括两件国宝级文物)。展览结合图版、照片和复仿制品，从“西夏文字、西夏陶瓷、西夏工艺、西夏佛教、西夏建筑”5大部分，真实全面地揭示出西夏王朝这个马背民族所具有的独特文化魅力。展览自在广州西汉南越王墓博物馆成功地做了首次展出后，先后又在深圳博物馆、福建博物院、中国国家博物馆、南京博物院、浙江博物馆、天津博物馆、上海

城市展览馆、首都博物馆等地巡回展出，历时几年之久。展览每到一地，都引起强烈反响，媒体竞相报道，赢得了社会各界的广泛关注。《西夏文物精品展》的巡回展出，其历时之长、跨省之多、规模之大、西夏文物之丰富，在全国文物巡展中亦名列前茅，在同行业间引起了很大反响。

为了更好地引领、规范、促进民间收藏，2007年始，宁夏博物馆先后承办了《宋、辽、西夏、金、元瓷器展》、《宁夏古代铜镜展》等宁夏首届民间收藏文物系列展览，取得了良好的社会效果。其宗旨就是通过博物馆这个展示平台，让更多的收藏爱好者，让更多的专家、学者和观众，有一个共同交流、借鉴、切磋、学习的场所，藏以致用，让民间的、个人的藏品最大程度地发挥它应有的价值。鉴于此，宁夏博物馆还在新馆专设了两个民间收藏展厅，意使此项活动得以长期举办。

同心红军西征纪念馆陈列

坚实的基础工作、独特的馆藏、全新的理念、良好的信誉和优质的服务，为宁夏博物馆在区内外、乃至国外的同行业间，赢得了广泛的交流与合作机会。2006年与2008年宁夏博物馆与兄弟馆联合，在香港分别举办了《神奇宁夏·塞上江南——宁夏历史文物精华展》和《贺兰山阙——宁夏丝绸之路文物展》；还与其他馆先后在日本、克罗地亚、马来西亚、意大利等国家举办了《丝绸之路上的神秘王国——西夏文物展览》、《敦煌西夏文物展》、《中国宁夏回族文物展》、《大黄河文物展》、《丝绸之路与华夏文明——成吉思汗与蒙古人的富有》等展览。2009 年9月，台湾著名画家刘国松先生的《宇宙心印：刘国松绘画——甲子》特展将在宁夏博物馆举办。这是宁夏博物馆引进中国大陆以外展览的第一次尝试。

临时展览不仅促进了本地区对外文

塞上江南 神奇宁夏

化交流，而且也成为博物馆对外交流与合作的重要桥梁，对于丰富博物馆展示内容，增加博物馆对社会各界的吸引力，增强馆际交流，实现文博资源共享，扩大博物馆的知名度，推进爱国主义教育和社会主义精神文明建设等都起到了积极的作用。对博物馆自身而言，通过举办临时展览，充分调动了博物馆广大职工的工作积极性，加大了馆际人员交流学习的机会，提高了业务水平，锻炼了队伍，促进了博物馆各项业务工作的顺利开展。

先进的技术与完备的功能

宁夏博物馆新馆充分发挥藏品优势，把收藏展示、科学研究与保护、社会教育功能集于一身，同时浓厚的文化气息、敞亮的中厅、先进的设施设备，为举办各种礼仪庆典提供了最佳场所，是大众休闲旅游的理想去处。

1. 中厅：面积1600平方米，高18米，南入口上方悬挂26平方米的LED显示屏。空气净化、水净化系统的采用，大大减少了新型建筑材料对人体的伤害，藻井式自然采光顶与四周幕墙的装饰，具有浓郁的民族、地域文化特色和时代气息。中厅不失为举行礼仪庆典和大型文化活动的理想场所。

中厅

2. 展厅：所有展览空间围绕中厅布设，便于观众参观。展陈面积近10000平方米。配套的安防消防系统，特殊展柜和节能、环保灯具的使用，为各种类型的展览设计提供了理想空间。临时展厅的设置，为国内外的文化交流提供了展示平台；民间收藏馆的设置，不仅规范、引领、促进了民间收藏，为收藏爱好者提供展示、交流、借鉴平台，也更好地发挥了区内文博行业的带头作用。展厅中与展览配套的语音导览与同声传译系统的使用，丰富了讲解方式与讲解内容，加大了观众获取信息的方式方法。

3. 文物库房：文物库房不仅库房门的安全性能极高，而且不同质地的文物配套有专业的柜架，有很强的科学性，使用合理，便于文物存取、养护。库区面积充足，文物饱和藏量达150000件，分割使用合理，配有完善的恒温恒湿系统和安防消防设施。文物通过货梯可直接送入地下库房或进入展区，库区的运输通道安全宽敞。

4.文物修复室：文物修复室设在库区周围，以便提用文物。引进先进的文物保护和修复设备，成熟的养护技术，加上高科技手段的合理利用，在确保文物安全的基础上，可以促使文物修复水平登上一个新台阶，成为宁夏地区文物保护与修复中心。

5.多功能会议厅：会议专用设施先进、齐备，会议厅装修宽敞、沉静，适宜举办多种会议。

多功能厅

6.贵宾接待室：装修豪华、典雅，民族氛围浓厚，适宜接待国内外的重要来宾。

贵宾接待室

7.信息资料中心：馆藏6000余册古籍，突出了地方特藏；近30000册的各类书刊，全部实行开架阅览。阅读环境安静、舒适、宽敞、明亮。

8.网络视听室：设备先进、齐全，上网快速、便捷，视听室内还配套有贵宾上网室，以及休闲服务。

9.休闲空间：在各层穿插设置了茶室、咖啡厅、快餐厅、纪念品商店、书店等，可以多层面、全方位地满足观众的需求。

10．多媒体展示与互动区：基本上每个展陈都用到了多媒体展示系统，补充、完善相关的展陈内容，强化展示效果，以便观众了解更多的知识信息，加大展览的参与性、互动性；部分展区开辟的互动区，增加了观众参观的趣味性，打破了以往展览教科书式的单调与乏味。

互动区

科学研究与优质服务

宁夏博物馆业务人员梯次、结构较为合理。现有在编正式职工96名，具有专业技术职称的人员有51人，占在编职工的53%。高级管理人员5人。全馆大学本科及以上学历的共34人。这些人员在各自的工作岗位上、在业务建设上都发挥着积极的作用。

近年来，全馆人员在各类学术刊物上发表业务论文数百篇，所涉主要学科有历史学、考古学、博物馆学、图书馆学等，以及行政人员结合时事，撰写发表的政论文章。独立或参与编写出版的书籍主要有：《宁夏古代文物》、《宁夏通史》、《西夏文物》、《夏汉字典》、《西夏简史》、《宁夏文物述略》、《中共宁夏地方党史》、《西夏通史》、《大夏寻踪——西夏文物辑粹》、《中国藏西夏文献——宁夏博物馆卷》、《探寻西夏文明》、《宁夏历史文物》、《宁夏菜园》、《吴忠与古灵州》、《见证西夏——贺兰山下尘封的文明》、《牛化东将军》、《丝绸之路与华夏文明——成吉思汗与蒙古人的富有》、《宁夏通志——文化卷》、《贺兰山阙——宁夏丝绸之路》等。为庆祝建馆50周年，宁夏博物馆专业人员正在编著的《宁夏博物馆论文集》、《宁夏博物馆藏回族文物精品图录》、《宁夏博物馆藏文物辑萃》等几部大型图书，届时将公开出版。

宁夏博物馆设有文物鉴定小组，定期或不定期地组织地方专家和本馆的专业人员对拟收购或委托鉴定的文物进行鉴定。这不仅保证了馆内征集文物的质量，提高了业务人员的科研水平，还扩大了社会影响和服务层面，真正发挥了博物馆的社会服务功能。通过不断加强业务人员的培训，文物修复人员的队伍也在不断健全壮大。陶瓷器、书画装裱、古籍、青铜器的修复水平得到全区的广泛赞誉。在做好本职工作的同时，馆内的专业人员对近年来自治区各行业间正在兴

起的行业专题博物馆的建设，予以悉心的指导和帮助，发挥了省级综合性博物馆的领军作用。2006年10月，为红色旅游地同心县承办的“同心红军西征纪念馆陈列”，得到了广泛好评，同心县政府特意为我馆赠匾“创意新颖 技艺精湛”。为使传统文化精品通过市场实现其价值，更多的文化消费者通过市场也能满足其精神文化需求，能够多角度、多层面地宣传博物馆、反映宁夏的历史文化特色，宁夏博物馆陈列部的技术人员以馆藏特色精品为基础，一直致力于文化旅游产品、艺术品的研制开发。“虎搏驴”铜牌饰，获得首届中国银川市旅游商品设计大赛优秀奖。2008年7月，宁夏博物馆参加了自治区政府举办的首届宁夏旅游礼品展示会，集中展示了近年来我馆结合馆藏及地域特色，开发制作的旅游产品35种。其中包括文物复仿制礼品，煤雕、金箔、泥塑等质地的工艺品。所开发的鎏金铜牛被评为此次展示会的金奖，并被选作银川市政府指定礼品。

目前，宁夏博物馆各项硬件设施、设备基本上都达到了国内同行业间的一流水准与规范要求，各类研究人员梯次队伍也正在建设中，科研水平势必跨上一个新的台阶。

宁夏博物馆新馆开馆后，圆满地完成了各项重大接待任务。随着中央对文化工作“三贴近”要求的提出，宁夏博物馆逐步把自身打造成许多大中专院校社会实践的重要场所、爱国主义教育基地、中小学校的教育合作人、军民共建双拥单位、民间收藏者的交流平台，近十年的参观人数呈稳步增长趋势。1995年宁夏博物馆被列为自治区爱国主义教育基地；1997年被中宣部、民政部、人事部、文化部授予“全国百家爱国主义教育示范基地”称号；2009年4月21日，宁夏社科联为宁夏博物馆授予“宁夏社科普及

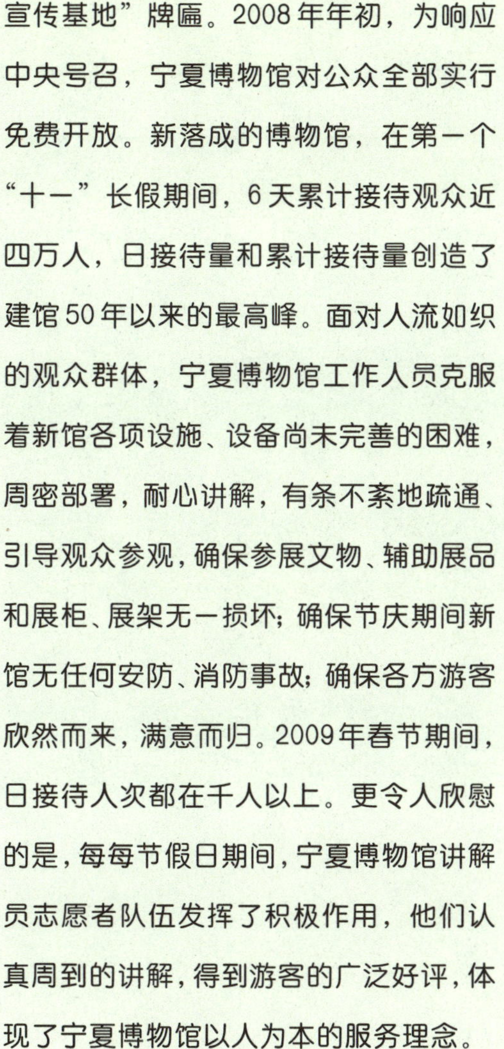

宣传基地”牌匾。2008年年初，为响应中央号召，宁夏博物馆对公众全部实行免费开放。新落成的博物馆，在第一个“十一”长假期间，6天累计接待观众近四万人，日接待量和累计接待量创造了建馆50年以来的最高峰。面对人流如织的观众群体，宁夏博物馆工作人员克服着新馆各项设施、设备尚未完善的困难，周密部署，耐心讲解，有条不紊地疏通、引导观众参观，确保参展文物、辅助展品和展柜、展架无一损坏；确保节庆期间新馆无任何安防、消防事故；确保各方游客欣然而来，满意而归。2009年春节期间，日接待人次都在千人以上。更令人欣慰的是，每每节假日期间，宁夏博物馆讲解员志愿者队伍发挥了积极作用，他们认真周到的讲解，得到游客的广泛好评，体现了宁夏博物馆以人为本的服务理念。

1.接待服务：设置游客物品安检设备和寄存柜、问讯处、残障人的设施设备、简单的医疗救护设备、婴儿车、休息坐椅、公共饮水处、停车场等。

2.中厅的LED大屏幕：开馆期间滚动播放一些与展陈和服务有关的信息，与宁夏相关的历史、风光片；各方领导、同行业人员、专家、学者、海外嘉宾来访的信息条目。

3.讲解服务：根据不同的观众群体准备不同内容的讲解词，除了人员讲解外，还为游客提供了语音导览与同声传译系统等高科技讲解服务器。

4.互动服务：定期或不定期举办专题讲座，设置青少年互动区，多媒体展演内容、互动项目还将不断更替。

5.休闲经营服务：围绕展厅外墙放置木椅，供观众参观休息；快餐厅、茶室、咖啡厅、纪念品商店、书店、公用电话等设施对观众开放。

广泛关注和支持

宁夏博物馆的发展建设得到了党中央、国务院、国家文物局、自治区各界领导的关怀、重视和支持。邓小平、彭真、乌兰夫、胡耀邦、廖汉生、肖华、邓力群、乔石、张劲夫、王首道、班禅额尔德尼·确吉坚赞、万里、胡启立、李鹏、肖克、王震、洪学智、雷洁琼、钱伟长、费孝通、陈俊生、江泽民、宋健、李铁映、李瑞环、李岚清、吴仪、迟浩田、曹志、李长春、刘延东、贺国强等党和国家领导人先后到宁夏博物馆视察指导工作，对博物馆的工作给予了高度评价。国家文物局历任领

《通史》展厅

导、自治区四套班子历任领导，国外的高级政要及友好人士，也都亲临我馆参观指导。区文化厅、文物局的领导，各厅局及相关媒体和观众，对宁夏博物馆的发展建设给予了极大的关注与广泛的支持。

2008年9月23日下午2时许，适逢自治区成立50周年大庆之际，宁夏博物馆的领导和部分工作人员，按照先期部署，早已全部着装整齐地分布在各个岗位，喜迎中央代表团的到来。这是宁夏博物馆新馆开馆以来最隆重、最重要的一次接待，也是新馆建设工程接受的最高规格的视察。在自治区领导的陪同下，中央代表团一行百余人参观了三千多平方米的《通史》展厅。参观中，中央代表团团长贺国强仔细观看一件件文物、一张张图版，认真聆听讲解员的讲解。他说，宁夏自古以来就是多民族交往、聚居的地方，形成了独特的地方文化，呈现出多元性、开放性、融合性的鲜明特点。宁夏形成、发展的史实，证明了民族团结、民族融合和民族进步的重要意义。宁夏要继续贯彻落实党的民族宗教政策，大力巩固和发展平等团结互助和谐的社会主义民族关系，促进民族和睦、宗教和顺、社会和谐。

伴随着新世纪的到来，西部大开发的进一步深入，宁夏博物馆将在弘扬民族文化，构建和谐社会方面发挥越来越多的作用。宁博人将进一步“内抓管理，外塑形象”，抓业务以强馆，抓服务以兴馆，加大“引进来，走出去”的步伐，以全新的面貌，走向中国，走向世界，为促进宁夏文化事业的发展，作出积极贡献。

服务信息

☆咨询台：地上一层

☆物品寄存、售票处：地上一层

☆纪念品商店：地上一层

☆茶室：地上一层

☆咖啡厅：地上一层

☆贵宾接待室：地上一层

☆多功能会议厅：地上一层

☆多媒体互动区： 各层展厅

☆图书阅览室、网络视听室：地上三层

开馆时间：周二至周日 9：00—17：00

星期一全天休息（国家法定节假日除外）

馆址：宁夏银川市金凤区人民广场东街6号

邮政编码：750002

联系电话：0951—5085062 5042945 5085076

传真：0951—5042945

网址：www.nxbwg.com

www.nxmuseum.com

邮箱：www.nxmuseum@163.com

编委会成员(按姓氏笔画):丁延辉 于希 马以慰 王有东 王银彩 王效军 王茜 牛志文 田建国 刘希鸿 刘红英 何新宇 李进增 李彤 李海东 杨秀山 杨蔚 陈永耘 张春杰 赵富春 赵涛 哈乐 哈燕 梁应勤 曹雅丽 董宏征 魏瑾

本册策划:李进增
本册主编:陈永耘
本册顾问:钟 侃
图片提供:董宏征 严钟义

封面设计:周小玮
责任印制:张道奇
责任编辑:李 东

图书在版编目(CIP)数据

宁夏博物馆/宁夏博物馆编著.-北京:文物出版社,
2009.8
(带你走进博物馆)
ISBN 978-7-5010-2797-2

Ⅰ.宁… Ⅱ.宁… Ⅲ.博物馆-简介-宁夏 Ⅳ.G269.274.3

中国版本图书馆CIP数据核字(2009)第127232号

宁 夏 博 物 馆

宁夏博物馆 编著

*

文物出版社出版发行
(北京东直门内北小街2号楼)
邮政编码:100007
http://www.wenwu.com
E-mail:web@wenwu.com
北京文博利奥印刷有限公司制版
文物出版社印刷厂印刷
新华书店经销
880×1230 1/24 印张:5
2009年8月第1版 2009年8月第1次印刷
ISBN 978-7-5010-2797-2 定价:28.00元